WOLFGANG ZEITLER

DER KÖNIGSWEG DER MUSIK

ARS AUDIENDI

WOLFGANG ZEITLER

DER KÖNIGSWEG DER MUSIK

Musikhören als Schöpfungsakt
Die Kunst der Musikmeditation

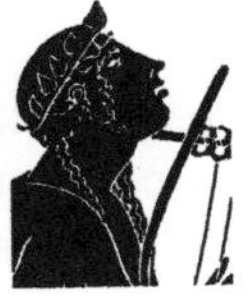

ARS AUDIENDI SCHRIFTENREIHE

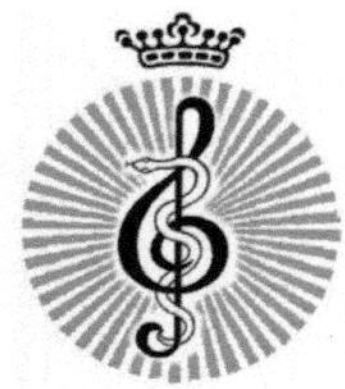

ARS AUDIENDI SCHRIFTENREIHE
Der Königsweg der Musik – Musikhören als Schöpfungsakt
und die Kunst der Musikmeditation

© Copyright Wolfgang Zeitler Juli 2015
Ars Audiendi
Schneewittchenstraße 1
95447 Bayreuth
www.ars-audiendi.de
info@wolfgangzeitler.de

Umschlaggestaltung: Wolfgang Zeitler
Bildnachweise: siehe Anhang

Verlag: tredition GmbH, Hamburg

ISBN 978-3-7323-4988-3 Paperback
ISBN 978-3-7323-4989-0 Hardcover
ISBN 978-3-7323-4990-6 e-Book

Bibliografische Information der Deutschen Nationalbibliothek: Die Deutsche Nationalbibliothek verzeichnet diese Publikation in der Deutschen Nationalbibliografie; detaillierte bibliografische Daten sind im Internet über http://dnb.d-nb.de abrufbar.

*Für alle, die Musik lieben,
besonders für die Hörer.*

INHALT
Ars Audiendi: Der Königsweg der Musik
Musikhören als Schöpfungsakt | Die Kunst der Musikmeditation

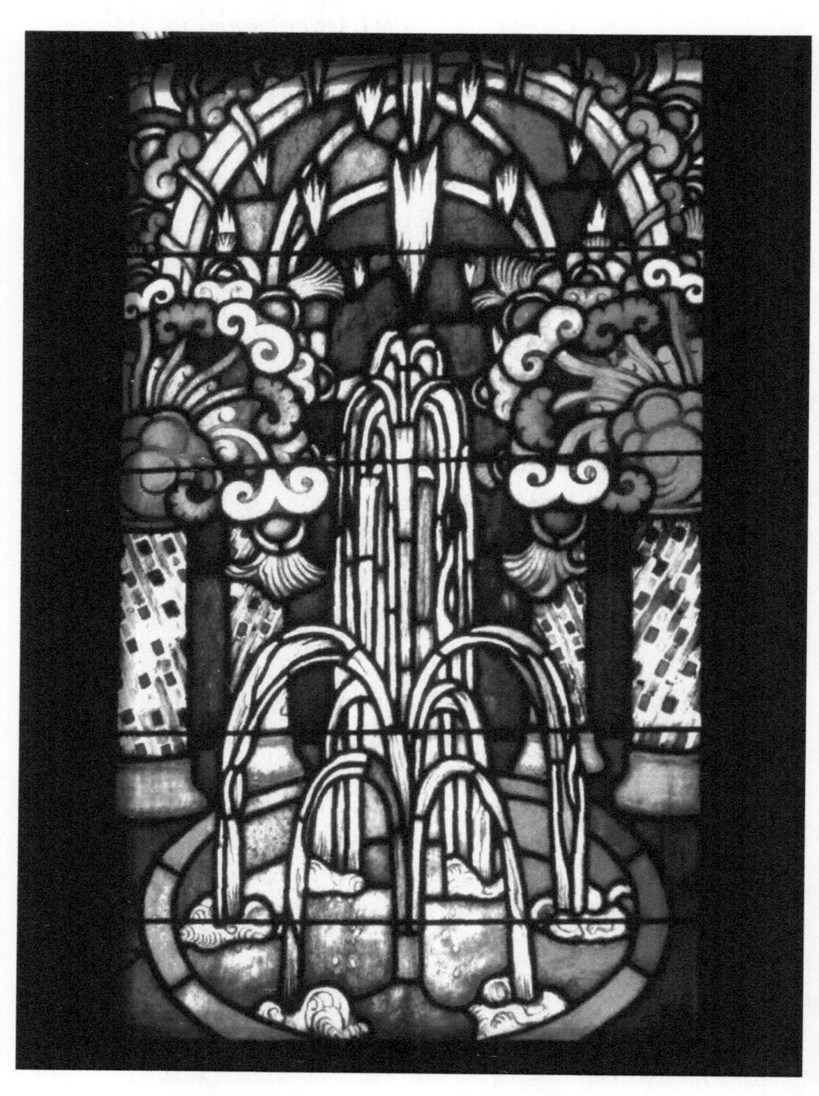

Glasfenster in Fribourg, CH

PROLOG

> »Wo wir etwas finden, das wie Musik ist, da müssen wir bleiben. Es gibt im Leben gar nichts andres zu Erstrebendes als das Gefühl der Musik, das Gefühl des Mitschwingens und rhythmischen Lebens, der harmonischen Berechtigung zum Dasein.«
>
> Hermann Hesse[1]

SIND SIE EINE HÖRERIN, EIN HÖRER?

„Ich liebe Musik und höre sie gern, aber ich bin völlig unmusikalisch." Kennen Sie diesen Satz? Vielleicht sagen Sie ihn manchmal selbst? Mit „unmusikalisch" ist meistens gemeint, dass Sie keine fundierte musikalische Ausbildung haben, ein Instrument nur so zum Spaß spielen oder gar keines. Vielleicht singen Sie in einem Chor. Jedenfalls lesen Sie beim Hören keine Partituren. Also verstehen Sie von Musik „eigentlich gar nichts".

Aber sie hören gerne Musik. Und sie kennen eine ganze Menge Musik, doch „fragen Sie mich bitte nicht nach dem Titel! Oder gar nach dem Komponisten! Das merk ich mir eh' nicht." Oder Sie haben einen oder zwei Lieblingskomponisten, bei denen Sie sich sehr gut auskennen. Schlussfolgerung: Sie sind eine Hörerin, ein Hörer. Und für Sie ist dieses Buch.

---

[1] 1910 in einem Brief an Ludwig Renner, in: „Musik", Frankfurt 1986

DAS GEFÜHL DER MUSIK

Wenn Musik Ihnen etwas bedeutet, können Sie die Aussage von Hermann Hesse nicht nur verstehen, sondern auch fühlen: »Wo wir etwas finden, das wie Musik ist, da müssen wir bleiben.«

Der Sinn Ihres Lebens, warum Sie hier sind auf Erden, ist mit Musik verwoben. Ist Ihnen schon einmal aufgefallen, wie die Musik Sie auf dem Weg durch Ihr Leben begleitet? Was wäre Ihr Leben ohne Musik?

INSPIRIERTE GROSSE MUSIK

Alle Musik ist Offenbarung des göttlichen Wesens. Oder soll ich besser sagen: eine Eigenschaft Gottes, eine Ausströmung der Göttlichen Quelle, eine Emanation des Geistes. Vermittelt durch Menschen. Es gibt so viele Arten von Musik. Ich beschränke mich auf die inspirierte. Die gibt es in allen Bereichen, in Klassik, Pop, Rock, Folk, Country, Jazz, HipHop, Techno und so fort.

Und ich schränke mich noch weiter ein, auf die inspirierte *klassische* Musik. Ich nenne sie die große Musik. Nicht als eine besondere Wertung, sondern einfach aus der mich immer neu begeisternden Erfahrung im Umgang mit dieser Musik. Um große Musik festzuhalten (in Noten aufzuschreiben) und wiederzugeben (von den Noten abzuspielen) braucht der Mensch Inspiration, und das ist nicht nur viel Arbeit, sondern auch ein Geheimnis und eine Gnade.

Sollte Ihnen das mit Geist und Gott nun allzu abgehoben erscheinen, dann legen Sie dieses Büchlein bitte weg. Aber so, dass Sie es wiederfinden können.

Sollte Ihnen eines Tages beim Anhören des Adagios aus Bruckners Fünfter, oder mitten in der Chaconne von Bach, oder bei einer Aufführung vom De profundis von Arvo Pärt, oder plötzlich in einer gefühlvollen Interpretation des Schwans von Saint-Saëns, oder beim versunkenen Hören der Romanze aus Mozarts d-moll Klavierkonzert, oder während der h-moll-Messe von Bach, oder gar beim 3. Ungarischen Tanz von Brahms, oder bei irgendeiner Musik etwas passieren, was über die einfache Gänsehaut hinausgeht, nämlich eine innere Begegnung, ein Gefühl, für das Sie keinen Namen finden, eine Art Erleuchtung - dann lesen Sie bitte hier weiter.

DIE MUSIKMEDITATION - EIN SCHÖPFUNGSAKT DER HÖRER

Von Ihnen selbst hängt es ab, wie weit die Töne sich Ihnen offenbaren. Es liegt an Ihnen, ob die Himmelsmacht Musik sich in Ihrem Leben wirksam zeigen kann oder nicht.

Zu entdecken, dass der hörende Mensch zu den Tönen eine schöpferische Beziehung eingehen kann, die ihn als Ganzes ergreift, mit Licht erfüllt und verwandelt, ist etwas Wunderbares. Immer wieder neu bringt mich die Musikmeditation zum Staunen. Ein Musikstück, das ich vom gewöhnlichen Hören gut zu kennen glaube, öffnet sich durch die Musikmeditation in seiner Tiefe. Und ich tauche ein in die unmittelbare Begegnung mit Göttlichem.

Die Musikmeditation ist ein zauberhafter, wunderbar wirksamer Weg, den Menschen mit sich selbst zu versöhnen. Es gibt noch viele andere Wege. Mir selbst hat die Musikmeditation das Leben gerettet. Sie ist das Schönste und Faszinierendste, das ich kenne.

DER KÖNIGSWEG

Der geistige Weg, den Ihnen die klassische Musik als Hörer bietet, ist ein Königsweg. Ein Königsweg ist ein Einweihungsweg der Liebe. Er führt durch den Alltag, durch Ihre tagtägliche Lebensübung hinein in den strahlenden Tempel Ihres eigenen Wesens, in Ihre göttliche Identität. Die Musik spricht vom königlichen Menschen.

Der König ist im Märchen der „ganze Mensch", Herrscher über sich selbst und sein Reich, das er versteht, in Frieden zu regieren. Vom König der frühen Germanen ging eine besondere Kraft aus, das Königsheil. In Ägypten herrschte ein Priesterkönig, der Pharao, der Kraft seines Amtes alleinigen Zugang zu Gott hatte; er erkannte und vermittelte den göttlichen Willen. Um für dieses Amt befähigt zu werden, war ein intensiver, prüfungsreicher Einweihungsweg nötig.

König hieß im alten Griechenland der Weise, der zu sich selbst erwachte Mensch, der Höhen und Tiefen seines eigenen Wesens kennt, weil er sie erfahren hat. Auch ist er der Eingeweihte, der durch eine besondere Lebensschule gegangene Mensch. Im alten Judentum war König, wer die Feinde besiegen und Frieden vermitteln, Lebensraum schaffen, das Lebenshemmende überwinden konnte.

Das Christentum hat erstmals in der Menschheitsgeschichte jedem Menschen ein Königtum zugebilligt, wenn auch nicht wirklich gefördert: das innere Königtum, die hohe Würde der Gotteskindschaft jedes Menschen. Im Blick auf den am Kreuz aufgerichteten König Christus wurde es möglich, im Notleidenden und Hilfebedürftigen den königlichen Menschen zu sehen. So entstanden die Menschenrechte.

Wie in allen lichtvollen Offenbarungen des Göttlichen haben die Menschen ihre Schatten über dieses Licht gelegt und Fehldeutungen und Missverständnisse erschaffen. Das Licht bleibt.

Auf einem Königsweg führt die Liebe Sie zur Essenz, zu Ihrem wahren Selbst. Zur fühlenden und unmittelbar erkennenden Begegnung mit Gott. Tief in das Menschsein eingeprägt sind die Zeichen der Königswürde.

Sie hießen früher: Krone, Mantel und Zepter. Eingehüllt in den Mantel der göttlichen Weisheit, die Ihnen immer und überall zugänglich ist, tragen Sie den Stab der Verantwortung, das Zepter, für sich und Ihr Leben in

Händen, unsichtbar gekrönt[2] mit der königlichen Würde des freien und erlösten Menschen.

DAS VERMÄCHTNIS DER ABENDLÄNDISCHEN MUSIK

Die große abendländische Musik, die sogenannte klassische Musik, um die es mir hier geht, hat alle vorherigen Kulturströmungen in sich aufgenommen. Sie spricht unaufhörlich vom Königtum, das es zu verwirklichen gilt!

Mit welch unerschöpflicher Liebe richten Mozarts Töne die verletzte und gekränkte Seele wieder auf; mit welch machtvollem Ringen legt Beethoven an den menschlichen Fundamenten die Willenskräfte frei; wie unergründlich hoch und gleichzeitig innig spricht Bach vom Menschsein; welch tiefe Seelenschau und welch einen Einweihungsweg offenbaren uns Bruckners symphonische Werke...

---

[2] Inzwischen nehme ich „unsichtbar gekrönt" wörtlich. Diese Worte schrieb ich 2001. Seit etwa 2013 weiß ich, dass bei allen Menschen das achte Chakra (zwei Handbreiten über dem Kopf) eingerichtet ist, bei den jüngeren Menschen ist es grundsätzlich auch aktiviert. Dieses achte Chakra wurde vor ca. 2000 Jahren bei einzelnen Menschen als Leuchten über dem Kopf wahrgenommen, das ist der Heiligenschein. Die sichtbare Krone des Königs verstärkt und ehrt jedoch das siebte Chakra. Die Evolution unseres Bewusstseins hat alle Menschen zu Königen gemacht, jeder könnte (energetisch gesehen) eine Krone tragen. Und gerade dies aktiviert das nächsthöhere Energiezentrum. Das achte Chakra ist eine Art Transformator, der höhere Schwingungen umwandelt in vom Menschen verarbeitbare Schwingungen. Unsichtbar gekrönt sind wir nun alle.

Wenn Sie sich auf die Schwingungen der großen klassischen Musik wirklich einlassen, werden Sie gestärkt, gereinigt, verwandelt und geheilt.

Ich glaube nicht (mehr), dass Musik eine bestimmte „Botschaft" enthält. Ich erlebe vielmehr, dass die Schwingungen der Musik, wenn ich sie fühlend und denkend und körperlich erfasse, mich in Resonanz bringen mit einer urewigen Schwingung, die weit über mein Fassungsvermögen hinausgeht. Und in dieser Resonanz erfahre ich topaktuelle Nachrichten, empfange das neueste Update, erhalte Hilfe für mein Jetzt.

Eine inspirierte Musik ist eine Art Code, mit dem ich Zugang zu einem universellen Datennetzwerk erhalte. Ich kann mich damit quasi in das göttliche Netzwerk einloggen. Und zwar immer mit dem Wesensbereich, den ich im Umgang mit der Musik in mir aktiviert habe.

Bayreuth, im Januar 2015
Wolfgang Zeitler

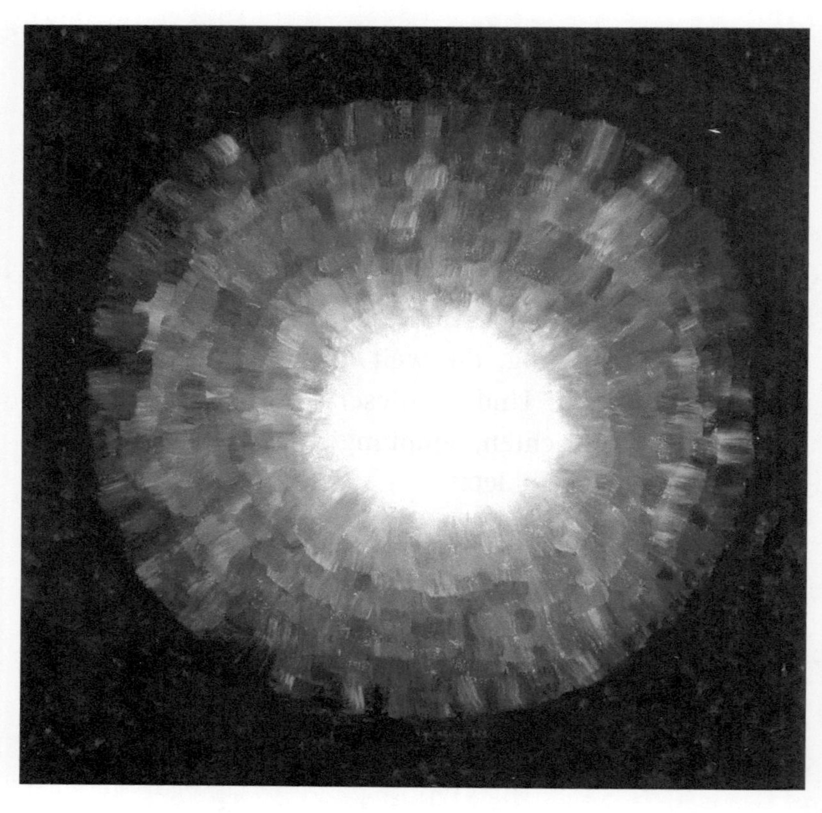

Lichtquelle

1
Das Geheimnis der Musik

Alles im Universum hängt musikalisch zusammen. Durchlässig, tönend, im Ganzen eine einzige große Harmonie, ein Zusammenklang. So wie die Töne diese innige Bezogenheit der Schöpfung in sich enthalten, so transportieren sie auch das Licht. Ein lebendiger, aus der Göttlichen Liebe stammender Ton trägt ein klares, strahlendes Licht mit sich. Es dringt tief in die menschliche Seele, bis hinein in dunkelste, schattige Winkel.

Die Musik vermag uns innerlich vollkommen hell zu machen, weil sie aus der tiefen Stille des Ewigen Herzens strömt. Diese Stille ist unendlich hell, ganz eins mit dem Einen, dem unsichtbaren Licht. Aus dieser Quelle entspringt der lebendige Ton. Der lebendige Ton wurde nach und nach transformiert, hat sich in Formen geschwungen und geballt, ist hörbare, gestaltete Musik geworden. Die großen Meister der abendländischen Musik waren Einfallstore für einen musikalischen Strom, der sich zeitlos breit und prall auf die Erde ergießt. Ihre Musik ist immer aktuell für den, der sie hört.

Wenn Sie Ihr Hören verfeinern und verdichten, nähern Sie sich diesem inspirierenden tönenden Strom. Und Sie entdecken darin die großen Zusammenhänge. Die Entwicklung der Musik ist ein Schöpfungsakt, der sich über Jahrtausende vollzieht.

Von den Urlauten und Urklängen, einem Meer der Möglichkeiten, bilden sich in den vorchristlichen Kulturen Urströme von Stimme, Ton und Klang, die einmünden in die Schlichtheit des Jahrhunderte währenden Gregorianischen Gesanges, dann sich verzweigend und auftürmend in polyphone Kathedralen, ausbrechend in eine überquellende barocke Vegetation, die immer neue Instrumente erfindet und verfeinert...

Und dann das knospende Wunder der sogenannten Klassik, etwas unglaublich Neues und Hohes senkt sich in die musikalische Vibration hinein, um in der Romantik sich aufblühend zu verströmen, in völliger Hingabe, sich auflösend in Düfte und Farben - bis am Ende die Strukturen selbst mit in diesen Auflöseprozess geraten. Das Licht hat sich ausgesprochen, es ist in den Tönen ganz zur Erde gekommen.

NEUE WERKZEUGE FÜR HÖRER, INSPIRIERT VOM LICHT

Dem wachen Menschen steht nun alles zur Verfügung. Er spielt mit der Vielfalt. Er erhält die Inspiration zu neuen Werkzeugen - Instrumente für das Hören. So wie im Jahre 1000 n. Chr. die optische Musikkonserve ihren Siegeszug begann - Guido von Arezzo erfand die Notenlinien - so beginnt etwa ein Jahrtausend später der Siegeszug der akustischen Musikkonserve. Von Schallplatte und Magnetband zu Compact-Disc, DVD, Blue Ray, dazu eine atemberaubend authentische Wiedergabetechnik über Lautsprecher und Verstärker, in höchster Klangtreue (High Fidelity, HiFi).

Faszinierend an der neuen Technik finde ich, dass es gerade das Licht ist, was die Revolution bewirkte: Der große Sprung in der Tonträgerentwicklung geschah durch die Einführung des LASER[3]. Musik wird mit einem intelligenten Lichtstrahl aufgenommen und wiedergegeben... Noch verwenden die meisten Menschen diese Werkzeuge auf einer primären geistigen Stufe, sie spielen wie ein Kind mit den Bauklötzchen.

Ich mache Sie darauf aufmerksam, dass Ihr CD-Abspielgerät und Ihre HiFi-Anlage ein hochpotentes geistiges Werkzeug sind! Mit diesem Buch erhalten Sie Anregungen, sie als solche zu benutzen.

SPIRITUELLE ERFAHRUNGEN VOM WEG DES MENSCHEN

Musik begleitet uns heute so nah wie in keiner Zeitepoche zuvor. Sie spiegelt in ihrer Unerschöpflichkeit die Vielfalt des heutigen Menschen. Sie kennt alle Seelenzustände,

---

[3] LASER = Light Amplification by Stimulated Emission of Radiation (Verstärkung von Licht durch gezielte Anregung der Aussendung von Strahlung)

jede Stimmung, und sie dient dem Menschen in großer Demut. Im Lauf ihrer Geschichte machte die abendländische Musik eine geheimnisvolle und spannende Entwicklung durch, vergleichbar mit dem Werdeprozess des Menschen.

Sie war in den Jahrhunderten der Gregorianik noch ein Säugling. Sie erfuhr in der Entfaltung der Polyphonie das kindliche Erwachen des Geistes. Der Barock brach in sie ein wie eine pubertäre Energie. Und mit der Klassik wurde sie zum jungen Erwachsenen. Die Reifegrade des Erwachsenwerdens finden sich in der vielgestaltigen Entwicklung der Romantik, und in der Moderne leuchtet das greise Antlitz des Menschen durch spärliche Lebensäußerungen, Neues und Anderes still und hoffnungsvoll erwartend.

Die großen Werke der abendländischen Musik enthalten spirituelle Erfahrungen vom Weg des Menschen auf der Suche nach sich und nach Gott. Wer sich mit diesen Werken tiefer beschäftigt, wird die Musik als geheimnisvolle und verlässliche Wegbegleiterin entdecken.

EINE HÖHERE WELT DES WISSENS

Was interessiert Sie als Hörer wirklich, wenn Sie von einer Musik ergriffen sind? Haben Sie sich nicht auch schon gefragt: Was ist es, was mich da so tief berührt und ergreift? Was hat sich der Komponist dabei gedacht? Was wollte er ausdrücken? Woher hat der Komponist die Töne? Wo kommt die Musik her, wo geht sie hin? Wovon spricht die Musik eigentlich? Sagt Musik überhaupt etwas, oder ist das alles nur subjektive Täuschung? Soll ich das ernst nehmen, was die Töne in meiner Seele auslösen? Kann ich darauf vertrauen?

Das sind Fragen um das Geheimnis der Musik! Bisher haben sich Hörer an die Musiker und Musikwissenschaftler gewandt, um Musik verstehen zu lernen. Dabei geht es um eine ganz andere, eine „höhere Welt des Wissens", das Reich der Sophia. Beethoven wörtlich: »Sagen Sie dem Goethe von mir, er solle meine Symphonien hören, da wird er mir Recht geben, dass die Musik der einzige unverkörperte Eingang in eine höhere Welt des Wissens ist, die wohl den Menschen umfaßt, die er aber nicht zu fassen vermag.«[4]

Goethe hat sich bekanntlich bemüht, aber er fand unter den damaligen Umständen keinen Zugang zur Musik Beethovens. Heute wäre das anders. Ich bin überzeugt, dass Goethe eine hervorragende Stereoanlage besäße und eine erlesene Plattensammlung.

WESTLICHE UND ÖSTLICHE PHILOSOPHIE

Das Spiel des Lebens führt uns in Tausenden von Variationen zu der Erfahrung, dass Transformation kein zu erreichender Endzustand ist, sondern ein Prozess, ein un-

---

[4] Beethoven an Bettina von Brentano, Wien 1810

aufhörliches Geschehen. - Seltsam, wie gerne der westliche Mensch immer „fertig" sein möchte. Die Dinge zum Abschluß bringen, vollenden, am Ziel sein, alles hinter sich haben, und dann...?? Vielleicht wird dieses Streben gespeist von einer tieferen Ahnung, dass es tatsächlich ein Ziel gibt, ein hohes Ziel, und dass die Menschheit in der Lage ist, es zu erreichen?

Seit die weitblickende Philosophie Platons durch den zielgerichteten Aristoteles[5] weitergeführt wurde, ist diese neue, zielführende Kraft des Abendlandes tonangebend für die Entwicklung der Welt. Aus der teleotischen[6] Bewusstseinsbewegung entstand schließlich der Rationalismus. Sein Wegbereiter war René Descartes, um 1625 n. Chr. Aus der Vorstellung vom Menschen als mechanischer Maschine bildeten sich schließlich all die -ismen, die immer nur Einseitigkeit und Trennung bedeuten.

Die zielgerichtete Kraft ist an sich nichts Schlechtes. Sie ist ein hoher Auftrag, an dem die westliche Kultur immer wieder neu scheitert. Auch das Scheitern ist eine kreative Art, Erfahrungen zu machen: »Sein Wachstum ist, Besiegter von immer Größerem zu sein.« (Rilke) Wer über den Geist des Westens so leicht hinweggeht und die ältere Philosophie des Ostens als das einzig Wahre ansieht, zeigt damit nur, dass er sich drückt vor seiner Verantwortung in der Gegenwart.

---

[5] „aristo telos" = „der recht ins Ziel trifft"
[6] zielgerichteten, zielorientierten

Bisher war es eher mühsam und unangenehm, dem Geist des Westens zu folgen. Der aufgeklärte menschliche Geist ging immer bis an die Grenzen des Möglichen, ohne Rücksicht auf die Folgen für das Ganze, und ohne Religio (Rückbindung an den Urgrund des Lebens), ohne Gott.

Seit einigen Jahrzehnten findet jedoch ein tiefgreifender Wandel in der abendländischen Spiritualität statt. Die moderne Physik ist mit ihren Erkenntnissen in Dimensionen vorgedrungen, aus denen heraus sie die versandeten Ströme der Theologie neu zum Quellen bringt. Etwas platt ausgedrückt: die Physik versteht heute mehr von Gott als die Theologie. Von der kosmischen Wirklichkeit, die wir mit dem Wort „Gott" zu benennen versuchen.

Und so befinden wir uns bereits mitten im Neubeginn: Wissenschaft, Religion und Kunst nähern sich nach und nach einander an. Der Westen erkennt im Osten seine Wurzeln, verjüngt und kräftigt sich, indem er aus den geistigen Quellen Asiens und anderer alter Kulturen trinkt. Wenn der von den Weltkriegen und ihrer Folgen betäubte und stumpfe Abendländer wieder das Feuer des Heiligen Geistes in seinen Adern fließen spürt, wird er auch seine Quellen wiedererkennen.

Die Meister des Ostens sagen den westlichen Anhängern immer, sie sollen doch zu Hause aus ihren eigenen Quellen schöpfen (von den bekanntesten zum Beispiel der Dalai Lama oder Die Mutter oder Sai Baba). Doch sie geben den Suchenden und Fragenden immer auch Nahrung und Antwort. Sie sind als erwachte Menschen eine Quelle des Göttlichen, und Quellen geben rückhaltlos, ohne zu sortieren.

Wie oft hört man die Geschichte von dem einen, der nach langem Suchen und Reisen schließlich nach Hause zurückkehrt und hier das verheißene Land entdeckt, den wahren Ort seines Wirkens.[7] Im Zuge eines verantwortungsvollen Umgangs mit der kosmischen Energie haben wir die Wahl, direkte Wege zu gehen. Die initiatische Erfahrung des bewussten und meditativen Hörens von klassischer Musik ist ein solcher direkter Weg.

₇ siehe Janosch: Oh wie schön ist Panama!

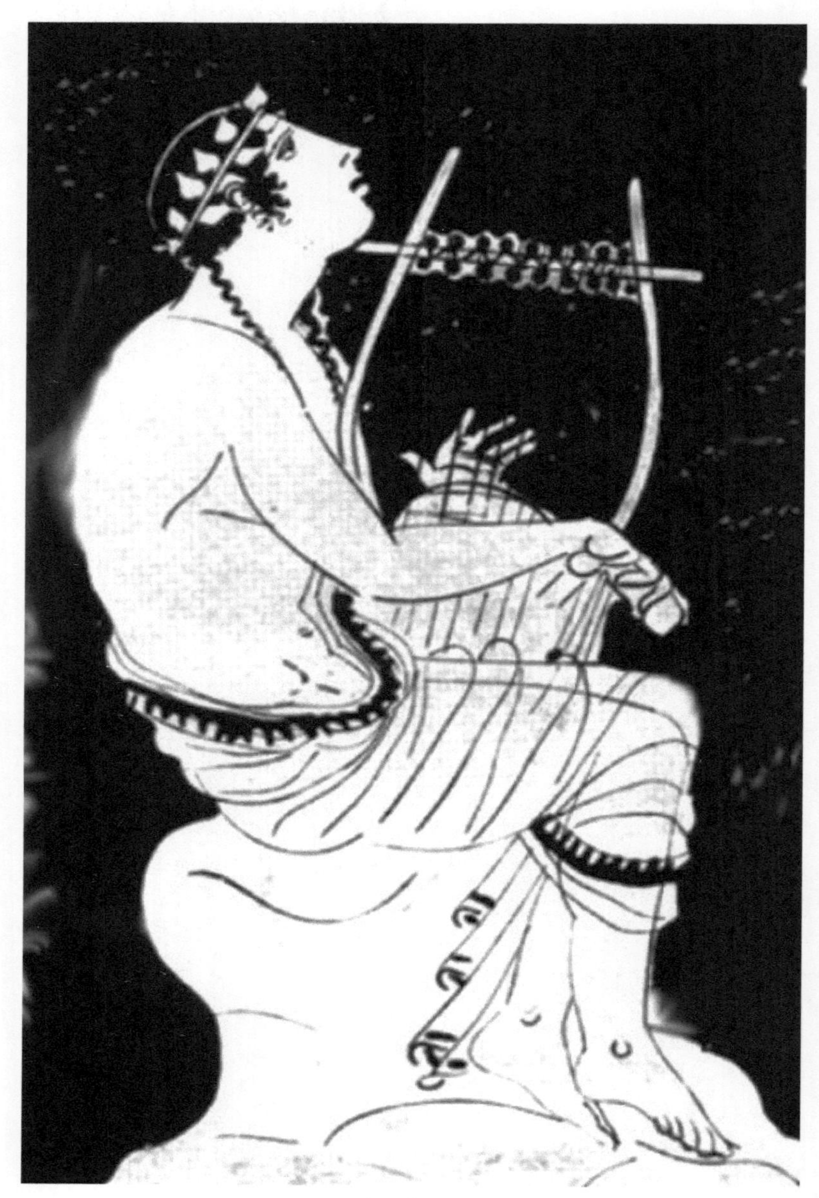

Orpheus

2
Die Kunst des Hörens und der Schöpfungsakt der Musikmeditation

»Musik heißt hören, hören und
noch einmal hören!«

Sergiu Celibidache[8]

»Alle Musik ist eigentlich innere Musik
und muß wieder zu innerer Musik werden.«

Gerhart Hauptmann[9]

DIE KUNST DES HÖRENS

EMPFÄNGLICH WERDEN UND VORBEREITET SEIN

Die Kunst der Musik umfaßt neben Komponieren und Musizieren auch das Hören. Das Phänomen Musik wird erst dann vollständig, wenn Komponieren und Interpretieren auch beim Empfänger auf Kreativität, Können und Verstehen treffen. Erst wenn die Musik beim hörenden Menschen wirklich ankommt, findet sie ihre Erfüllung.

---

[8] in einem Radio-Interview
[9] in: Gerhart Hauptmann, Aufzeichnungen

Wenn keiner da ist, der mit ganzer Aufmerksamkeit und Hingabe zuhört, bleibt das musikalische Geschehen unvollständig. Hintergrundwissen oder technischer Sachverstand sind dabei nur Randerscheinungen.

Die Kunst des Hörens ist ein stufenweiser Prozess. Manchmal findet er in einem einzigen Augenblick statt, als erhebende Offenbarung. Das ist ein Geschenk. Die Gnade ist allüberall zeitlos anwesend. Sie erreicht uns, wenn wir dafür offen und empfänglich sind - und wenn wir es geistig und seelisch verkraften können. Auf schöpferische Weise empfänglich werden und gerüstet sein sind also Hauptinhalte einer Kunst des Hörens.

INSPIRATION UND HANDWERKLICHES KÖNNEN

Wirkliches Hören ist ein Ereignis, in das Sie nach und nach hineinwachsen. Es ist nicht einfach von selbst da. Hören will erlernt und eingeübt sein. Aktive Musiker, die eine Musik im höchsten Sinne interpretieren und wirklich gut spielen wollen, stellen ihr ganzes Wesen und all ihr handwerkliches Können mit großer Hingabe und Liebe zur Verfügung. Sie begeben sich auf den Gipfel ihrer schöpferischen Kräfte, und dort erreicht sie die Inspiration.

So können auch Sie als Hörer handeln: Begeben Sie sich auf die Höhe Ihrer schöpferischen Kräfte! Geben Sie sich mit Ihrem ganzen Wesen der tönenden Wirklichkeit hin. Das heißt nicht immer nur stilles Lauschen. Spielen Sie mit der Musik. Malen Sie; zeichnen Sie; machen Sie

sich kreative Notizen wie beim Telefonieren; probieren Sie
Bewegungen aus; ordnen Sie die Äpfel, Birnen, Trauben
und Bananen im Obstkorb nach der Musik an, die Sie gerade hören; machen Sie etwas, was direkt mit der Musik
zu tun hat.

Unterscheiden Sie beim Erleben einer Musik zwischen
Ihrer augenblicklichen persönlichen Stimmung, die sich in
den Tönen widerspiegelt, und den tieferen Gefühlsquali-
täten in der Musik, die unabhängig sind von Ihrer Tages-
verfassung.

Erwecken Sie die Töne im Inneren Ihrer Seele zum Leben, ohne eine äußere Schallquelle, indem Sie den Anfang
einer Melodie ansummen und dann innerlich lauschen.
Erforschen Sie die Tiefen der Musik. Haben Sie Mut, hinter die Töne zu lauschen.

MUSIK VERSTEHEN LERNEN

Wie kann ich Musik verstehen, wie soll ich sie verstehen?
Wenn Sie sich als Hörer mit Ihren Fragen nur an den
Musiker wenden, werden Ihnen seine Antworten nicht
genügen. Sie müssen selbst suchen! Finden Sie *aus dem
Hören heraus* Antworten, die verläßlich sind, die nicht
von Ihrer Tagesstimmung abhängen.

Die Art, wie Sie seelisch, körperlich und geistig am
musikalischen Geschehen teilnehmen, beeinflusst Ihr
Wahrnehmen, Erleben und Verstehen von Musik.

Dies trifft um so mehr zu, wenn Sie Musik von Tonträgern hören. Denn hier liegt es allein in Ihrer Hand, wie Sie sich die Töne einverleiben. Wenn Sie in Ihren eigenen vier Wänden Musik hören, tragen ganz allein Sie die Verantwortung für die Rahmenbedingungen. Im Konzertsaal ist das anders.

Hören ist eine Kunst, und sie ist erlernbar. Und wie bei jeder Kunst ist eine gewisse Mühe damit verbunden. Auch als Hörer haben Sie zu üben, zu arbeiten, wenn Sie Musik wirklich verstehen und von ihr ganz erfüllt sein wollen. Interpreten wissen darum: »Bei der Inspiration sind neunzig Prozent Transpiration«, meinte einmal der große rumänische Geiger George Enescu (Transpiration bedeutet Schwitzen).

Eine alte chinesische Weisheit spricht mir aus dem Herzen: »Alle Menschen brauchen eine Übung des Geistes, um richtig hören zu können. Wer diese Übung nicht besitzt, der muß sie sich verschaffen durch Lernen. Dass jemand ohne zu lernen richtig zu hören verstehe, ist in alter und neuer Zeit noch nie vorgekommen.«[10]

HERMANN HESSE UND KÖNIG LUDWIG II

Vor der Erfindung der Musikkonserve waren geistig wache Menschen bereit, unglaubliche Energien einzusetzen, nur um eine bestimmte Musik wiederholt hören zu kön-

---

[10] Frühling und Herbst des LüBuWe, in: J. Kirchhoff, Klang und Verwandlung

nen. So zum Beispiel Hermann Hesse: »Heute abend wird die schönste und mir liebste von allen Mozart-Sinfonien gespielt, die in g-moll... Das ist nun zum dritten Mal in diesem halben Jahr, dass ich sie höre, jedesmal an einem anderen Ort...«[11]

Zu jeder Gelegenheit, die sich ihm bot, hat Hesse seine liebsten Musikwerke wieder und wieder im Konzert angehört. Einem Aufführungsensemble der Zauberflöte ist er gar in mehrere Städte extra nachgereist, nur um die Musik gleich am nächsten Tag wieder hören zu können. 1929 schreibt er »Wie oft ich die Zauberflöte gehört habe, das kann ich nicht mehr zählen«[12]. Und das noch ohne eine Platte im Schrank!

Erst im Alter kam Hesse in den Genuss des Grammophons. Er begrüßte dann jeden Tag vor dem Frühstück hingebungsvoll und begeistert mit dem Anhören einer Musik von Mozart.

Oder König Ludwig II., der „Schlösserkönig" von Bayern. Er hatte das Privileg, dass ein ganzes Orchester für ihn allein spielte. Es ist überliefert, dass er nach dem Verklingen des Schlußakkordes in die Stille rief: »Noch einmal! «, und das Orchester gab ihm nach einigem Murmeln das Stück noch einmal zu Gehör. Heute geht das mit einem Knopfdruck. Vor 150 Jahren war das hoch außergewöhnlich. Der Dirigent (es war Richard Wagner selbst)

---

[11] Brief April 1932 an Ninon Hesse
[12] an Emmy Ball-Hennings, Hermann Hesse, Briefe

31

konnte diesen Wunsch nach Wiederholung nicht verstehen. Er legte beleidigt den Taktstock nieder und übergab dem Konzertmeister die Aufgabe, den königlichen Wunsch zu erfüllen...

DAS GRÖSSTE MISSVERSTÄNDNIS

Das größte Missverständnis zwischen Musikern und Hörern ist die musikalische Notenschrift, die Noten. Sie sind das optische Speicherungs- und Mitteilungswerkzeug für alle, die Musik machen. Sie sind aber nicht die Musik selbst. Musik existiert erst, wenn sie erklingt, wenn sie als Ton vernehmbar ist, äußerlich oder innerlich.

Ein Musiker ist darauf trainiert, beim Lesen der Noten die damit verbundene Musik (innerlich) zu hören. Beim Hören von Musik sieht er dann entsprechend (innerlich) die Noten dazu, zumindest phasenweise. Oder es tauchen sonstige technische Aspekte auf, die mit der Ausführung von Musik zusammenhängen (z.B. beim Klavier linke Hand, rechte Hand).

Ein nicht aktiv musizierender Hörer hört jedoch keine Noten, er hört Melodien, fließende Harmonien und dynamisch gegliederte, energetische Ereignisse. Dabei berühren und durchdringen ihn die Energien des Tones bis ins Innerste seines Wesens. »Die Grundlage eines musikalischen Eindrucks ist das Erleben einer Bewegung, einer vorwärtsdrängenden kinetischen Energie, der eine potenzielle ruhende Kraft spannungsvoll entgegengesetzt ist.« Ernst Kurth, Musikpsychologe[13]

Viele Bücher, die angeblich vom Hören der Musik handeln, habe ich enttäuscht wieder zugeklappt, weil mir seitenweise Notenlinien und Fachbegriffe aus Tonarten- und Harmonielehre entgegensprangen. Mich berührt das nur auf einer rationalen Ebene.

Auch bei bestem Bemühen, diese musikwissenschaftlichen Dinge zu begreifen, bleibt doch immer ein leises und etwas schales Gefühl zurück: Davon verstehe ich ja doch nichts! Außerdem ist das „beste Bemühen" so anstrengend, dass ich die Lust daran verliere. Solche Bücher schüttle ich so lange, bis alle Notenlinien und Notenköpfe herausgefallen sind. Wenn dann noch etwas darinnen steht, lese ich es.

GIBT ES EINE EIGENE SPRACHE FÜR HÖRER?

In der Regel sind es Musiker, die uns Hörern die Musik erklären. Natürlich in ihrer Sprache, mit ihren Mitteln. Manchmal gelingt es einem begnadeten Musiker, über Musik so zu sprechen, dass jeder interessierte Musikhörer ihn unmittelbar verstehen kann. So manche großen Interpreten und Dirigenten können mit ihren Schriften dem Hörer das Reich der Töne wunderbar erschließen. Ohne Noten zu verwenden. Doch das ist eher die Ausnahme.

---

[13] Kurth, Ernst (1931): Musikpsychologe, Berlin, zitiert nach: de la Motte-Haber, Handbuch der Musikpsychologie (S.419), Laaber Verlag, Laaber 1985

Wie soll man jemandem die Musik näher bringen, der keine Noten lesen kann? So fragt sich ein Musiker. Für mich als Hörer ist das gar keine Frage, denn mein Zugang ist ein anderer. Wenn ich tiefer hineindringen will, praktiziere ich die Kunst der Musikmeditation.

DIE MUSIK KOMMT IM HÖRER ZUR VOLLENDUNG

In der Welt des Hörens gelten andere Gesetze als im Reich des Musizierens und dem des Komponierens. Beim Hören geht es nicht darum, eine besondere Begabung bis hin zur Genialität zu vervollkommnen, sondern darum, das Geheimnis der Musik in meinem persönlichen Leben ankommen und wirken zu lassen.

Erst dadurch werden die vom Musiker und Tondichter - oft unter Aufbietung aller Kräfte - eingebrachten Energien eingelöst, ja erlöst.

Erst im Hörer vollendet sich die Musik. Damit Hören tatsächlich Früchte tragen kann, geistige, sinnerfüllende Früchte, muss es zu einem bewussten Vorgang werden.

MEDITIEREN FÜHRT IN DIE TIEFE

„Meditation" bedeutet ursprünglich, in der abendländischen Tradition: sich eingehend mit etwas befassen, sich „be-Sinnen", nachsinnen über etwas[14]. Das führt von der Oberfläche zur Tiefe, zum Wesen, zur Essenz, sowohl bei der meditierten Musik, als auch bei Ihnen als Hörer.

An der Oberfläche erleben Sie eine auf das Ego bezogene Realität. Die ist abhängig von schwankenden Stimmungen und nur vorübergehend gültig. Die Oberflächenwahrnehmung von Musik hat eine alltäglich wichtige Bedeutung. Sie schafft Atmosphäre, hilft zur Entspannung, untermalt besondere Momente. Sie kann heilsam wirken. Aber sie berührt keine Tiefe. Sie dringt nicht zum Wesentlichen vor. Es findet keine tiefere Begegnung statt zwischen Mensch und Musik, nur ein leichtes Streifen. Die Erlebnisse sind vergänglich, was uns dazu verleitet, von Musik allzu leichtfertig zu denken.

Vielleicht werden wir eines Tages wach genug sein, um die tatsächliche Wirkung jeder Musik sofort zu erkennen. Die gegenwärtige Musikwelt kommt mir manchmal so vor, als spielten wir wie Kinder mit dem Feuer - einfach mal ausprobieren, was passiert. Eine Entwicklungsphase zum Wachsen, Reifen, Erkennen.

---

[14] Meditation, von lat. meditari, gr. medomai. Heute wird der Begriff Meditation leichtsinnig verwendet für einfache Entspannung, im tieferen Sinne für „Kontemplation".

MEDITIEREN VERWANDELT

Wenn Sie Musik meditieren wollen, brauchen Sie eine Vorbereitung. Ein stabiler Rahmen ist notwendig, und eine gewisse Disziplin.

Sie erzeugen eine persönliche Stille, die wie eine Membran von den Tönen zu schwingen beginnt. Sie werden ganz eins mit der Musik. Sie verweilen im Nachklang, schreiten innerlich weiter in der von der Musik eröffneten Realität.

Sie haben Zeit für das Verarbeiten der emotionalen, geistigen und körperlichen Prozesse, die das innige Verschmelzen mit dem Ton ausgelöst hat. Sie sinnen nach, forschen und fragen weiter und kommen zu Ihrer ganz persönlichen Deutung der Tonsprache.

Je tiefer Sie gelangen, desto mehr verwandelt sich Ihr Erleben in klares, lichtvolles Wahrnehmen einer höheren Wirklichkeit, die in Ihnen selbst zu finden ist. Die Musikmeditation schenkt Berührung mit Ihrem Wesenskern. Die in jeder Musik enthaltenen geistigen Energiemuster werden auf Sie übertragen.

Meditation hat mit dem Wesen zu tun, mit dem Kern. Und sie führt in einen Verwandlungsprozeß hinein: Meditation verändert uns.

»Musik macht das Herz weich. Sie ordnet seine Verworrenheit, löst seine Verkrampftheit und schafft so eine Voraussetzung für das Wirken des Geistes in der Seele, der vorher an ihren hart verschlossenen Pforten vergeblich geklopft hat. Ja, ganz still und ohne Gewalt macht die Musik die Türen der Seele auf.«

Sophie Scholl[15]

IM GESPRÄCH SEIN MIT GOTT

Die Musikmeditation ist eine Form leibhaften Betens: als ganzes Wesen sind Sie im Gespräch mit dem unnennbaren Geheimnis. Der meditative Umgang mit Musik fördert auf unmittelbare Weise die innere Wahrnehmung einer lichtvollen, ständigen Anwesenheit, einer présence intérieure. Ein intimer, unaufhörlicher Dialog kommt in Gang, mit allem, was Sie tief in Ihrer Seele anwesend spüren. Von dieser ständigen Anwesenheit wird alles, was zu Ihrer Seele gehört, nach und nach berührt und durchlichtet. Auch das Dunkel und das Verschlossene.

Nach meiner Erfahrung kann eine lebendige Begegnung mit der Musik unser Bewusstsein so verändern, dass die Nähe Gottes, die innere Wahrnehmung des göttlichen

---

[15] in einem Aufsatz für Otl Aicher, Januar 1942. Frankfurt 1984

Wesenskernes, zu einer dauernden Realität wird. Musik meditieren ist einer der vielen Wege, die zu einer Erweiterung und Erhöhung der Bewusstseinskräfte führen. So werden die Meister der Klassischen Musik zu lichtvollen Gefährten auf dem geistigen Weg.

MODULATION UND TRANSFORMATION

In dem erhobenen Schwingungszustand der Musikmeditation erleben wir uns selbst und unsere Umgebung in einem neuen Licht. Plötzlich sind unsere Gedanken freigeputzt von allem Herunterziehenden, Entwertenden. Mühelos, wie von selbst, ordnen sich unsere Gedankenabläufe nach einem lebensbejahenden Prinzip. Solange die Musik bewusst in uns tönt, können wir wie von selbst „positiv denken". Möglicherweise wird das einfach durch Resonanz zwischen Klangordnung und Gedankenordnung ausgelöst. Dieser Vorgang ist eine „musikinduzierte intrapsychische Modulation", ein Stimmungswandel.

Ich bin immer wieder fasziniert, wie eine meditierte Musik meine Seele umstimmt. Es ist, wie wenn die Sonne durch die Wolken bricht und in einem Nu ist alles verändert. »Musik ist der Liebe Nahrung«, sagt Shakespeare. Dieser beseligende Zustand ist vorübergehend, wir wissen es alle.

Wie kommen wir zur Transformation, zu einer dauerhaften Wandlung unseres Wesens? Als westlicher Mensch hätten wir sie gerne per Knopfdruck, Pille einwerfen, Kopfhörer aufsetzen und fertig.

Ein großer Teil der tatsächlichen spirituellen Arbeit besteht zur Zeit einzig darin, die Menschen von dieser Knopfdruck-Haltung wegzubringen und sie wieder zu erinnern an den lebendigen Prozess einer Transformation. Die Erfahrung von Leben zu machen. Wie es sich anfühlt, lebendig zu sein. Solche Elementarerfahrungen bereiten auf die Meditation vor, sie sind selbst noch keine Meditation.

Damit will ich sagen, dass die Musikmeditation an sich kein „alleinseligmachender Weg" sein kann. Es braucht Integration der Erlebnisse in den persönlichen Alltag. Konkretes Anwenden der durch die Töne vermittelten Weisheit im eigenen Leben.

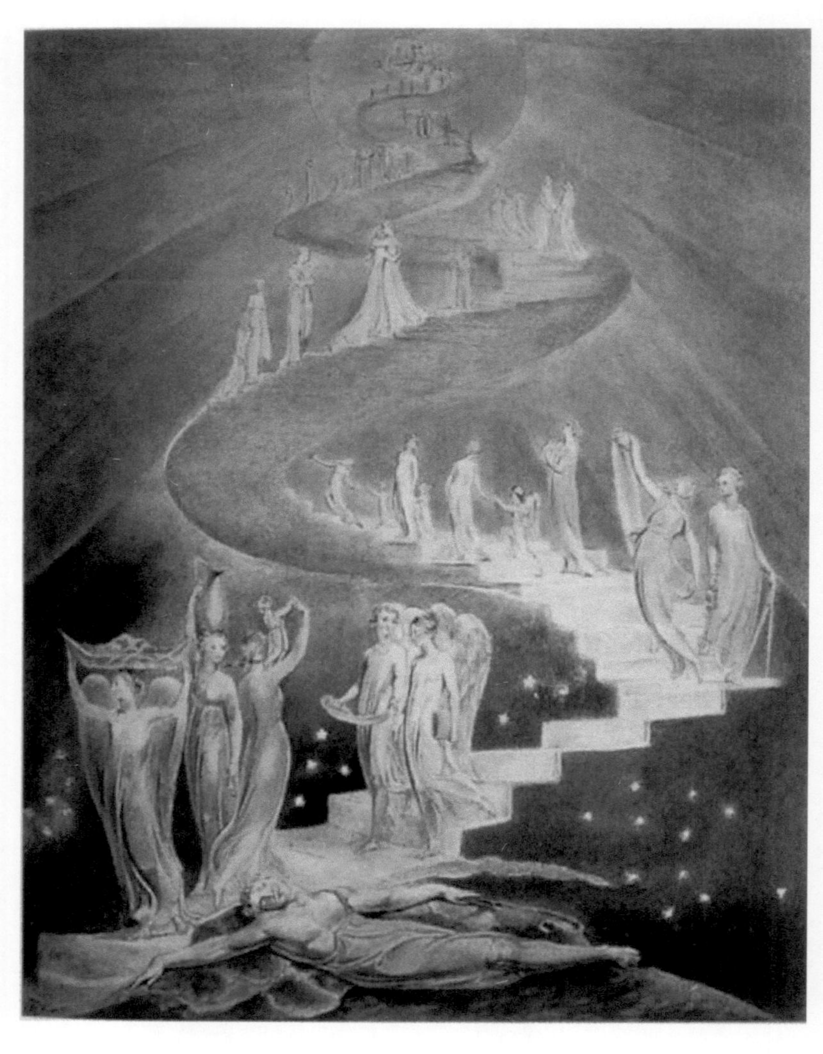

William Blake, Jakobsleiter

DER SCHÖPFUNGSAKT
DER MUSIKMEDITATION

>»Musik ist höhere Offenbarung
>als alle Weisheit und Philosophie.«
>
>Beethoven[16]

SAPERE AUDE - WAGE ES,
DICH DEINES VERSTANDES ZU BEDIENEN[17]

Das Geheimnis der Musikmeditation ist die erlösende Ein-
bindung des Verstandes. In oft monatelanger geduldiger
Auseinandersetzung mit dem rauschenden Meer der Töne
analysiere ich die Musik, Ton für Ton, Motiv für Motiv,
Thema für Thema. Ich durchdringe das hochemotionale
und körperliche Erlebnis, welches hingebendes Musikhören bereiten kann, nach und nach mit meinen Verstan-
deskräften.

Ausgerüstet mit Kopfhörer, CD-Player, Papier, Bleistift
und Buntstiften, suche ich nach dem Aufbau einer Musik,
ihrer Anatomie. Kleinste Abschnitte höre ich wiederholt
so lange, bis sich mir die Töne einprägen, bis ich sie hö-
rend erkennen und mit einfachen Punkten, Strichen und
Linien sichtbar notieren kann. So entsteht eine kreative

---

[16] aus dem Gespräch mit Bettina Brentano, Wien 1810
[17] Sapere aude, der Wahlspruch der Aufklärung, wurde von Immanuel Kant in
dieser Weise übersetzt (1784 in seiner kleinen Schrift „Was ist Aufklärung?").

musikwissenschaftliche Analyse eines Musikstückes, ohne Noten. Immer wieder befrage ich die Motive und Themen, so lange, bis mir der gesamte Aufbau des Stückes, seine Form, klar wird.

Auf diese Weise binde ich meine rationalen Bewusstseinskräfte an die Offenbarung der Transzendenz. Manche nennen das „anstrengend", andere „verrückt", das Ergebnis ist immer faszinierend. Diese Arbeit ist für mich geistige Nahrung, sie weckt in mir unvergleichliche Freude und Begeisterung.

Mit den eigenen menschlichen Kräften so ins Innerste einer Musik einzudringen ist eine beglückende Erfahrung. Erlernt habe ich diese Methode von dem rumänischen Musikwissenschaftler Prof. Balan. Er nennt sie die „Musicosophia-Methode"[18].

BESELIGENDE DENKARBEIT

Eine solcherart intensive mentale Auseinandersetzung mit der Musik verändert spürbar die Gehirnschwingungen. Mir kommt es so vor, als bemächtige sich die Musik meiner Gedanken. Ich erkenne und erahne hohe, fremde Gedanken, vermittelt durch die übersprachliche Rede der Töne von Komponisten wie Bach, Mozart, Beethoven, Bruckner, Schubert, Dvorak, Rachmaninow, Chopin,

---

[18] Internationale Musicosophia-Schule, www.musicosophia.com

Wagner, Vivaldi, Händel, Hildegard, auch der Gregorianik und anderer Musikrichtungen.

Meine Seele ist selig dabei. Meine Verstandeskraft wird dabei aufs Höchste gefordert. Sind die mentalen Energien erschöpft, lasse ich die Arbeit los. Sobald wieder Zeit dafür ist, geht es weiter.

EINZUG DER MUSIK INS UNTERBEWUSSTSEIN

Und während dieses Tuns und Lassens tönt die Musik in mir, bei Tag und bei Nacht. Die Motive purzeln durcheinander. Manchmal rumort die Musik regelrecht in mir während des Schlafes, dann träumen mich die Töne. Oder ich bemerke in mir beim Aufwachen Tonfolgen einer Musik, mit der ich mich gerade beschäftige. Es kommt vor, dass eine bestimmte Stelle der Musik sich unablässig wiederholt, so als ob die Platte hängt.

Anfangs hat mich das manchmal erschreckt und beunruhigt. Heute weiß ich, die Töne ziehen dabei in mein Unterbewusstes ein. Sie „räumen auf" in meinem Inneren. Sie ordnen, beleben und befeuern mich im intimsten Geheimnis meines Menschseins.

Diese analysierende Phase der Musikmeditation ist ein geistiger Verdauungsprozess. Das dauert eine Zeit lang. Manche Werke fordern mich über Jahre, bis sie mir klar werden. Immer wieder wage ich mich daran, ein klein wenig weiter und tiefer.

SAPERE AUDE - WAGE ES,
DICH DEINER SINNE ZU BEDIENEN[19]

Ist der analytische Prozess abgeschlossen, lege ich alle Notizen beiseite und lausche nur noch still und erwartungsvoll, bis meine Hände Lust bekommen, diese Musik zu ertasten, zu berühren, zu begreifen. Ich nenne es die Latenzphase, oder einfach: Abwarten.

Diese Phase dauert von einer Woche bis zu Monaten oder Jahren. Und mit einem Mal, durch irgendeinen Auslöser, will mein ganzes Wesen der Musik begegnen. Jetzt vermitteln meine Hände, ein völlig neuer Prozess beginnt.

Die schriftlichen Notizen meiner Analyse dienen nur der Orientierung. Sie helfen mir, beim Lauschen mental präsent und fokussiert zu sein.

MIT DEN HÄNDEN HÖREN - DIE MELOMORPHOSE

Ich höre die Musik jetzt mit geschlossenen Augen, fühle sie intensiv und lasse meine Hände spielerisch nach der Gestalt suchen. Jedes musikalische Thema, bestehend aus einer erkennbaren Folge von Tönen, „Melodie" genannt, hat auch eine räumliche Gestalt, die jedoch nur ganzheitlich erfassbar ist.

---

[19] sapere - lateinisch: schmecken, riechen, merken, bemerken - heißt erst in übertragener Bedeutung auch verstehen, Weisheit erlangen.

Das ist Bewegung, Enge und Weite, Welle und Linie, flächiges Ausbreiten, punktförmiges Verdichten, strahlförmiges Ansteigen, konstruierendes Aufbauen, ekstatisches Öffnen, demütiges Sich-Sammeln, schwungvolles Kreisen, ornamental, geometrisch, architektonisch, plastisch...

Sobald meine Hände immer dieselbe Bewegungsform zu einem musikalischen Abschnitt machen, skizziere ich diese Gestalt auf Papier. Ich überprüfe am nächsten Tag (oder bei nächster Gelegenheit), ob sich die Bewegung immer noch stimmig anfühlt. So entsteht nach und nach die Melomorphose, die Bewegungsgestalt einer Musik. Fließende Gebärden, die beim Hören die gesamte strömende Architektur der Musik mitvollziehen.

EINSICHTEN AUS DEM GEIST DER MUSIK

In diesen Gebärden ist neuer Raum für starkes Empfinden. Der Verstand ist jetzt nur Diener. Er hilft, in jedem Augenblick präsent zu sein, zu wissen, wo ich gerade in der Musik bin, ob im Thema A oder B oder C, im Durchführungsteil, in einem Wiederholungsteil, in einer Überleitung oder einem Nachklang...

Während ich konzentriert und gleichzeitig entspannt meine Hände mit der Musik bewege, entstehen wie von selbst neue Gedanken und Einsichten. Diese sind völlig anders als die Gedanken, die mir während der analytischen Phase kommen.

Erst jetzt, wo ich mich mit meinem ganzen Menschsein der Musik zur Verfügung stelle, mit Körper, Seele und Geist, mit Bewegen, Fühlen und Denken, erst jetzt fange ich an, die Musik wirklich zu verstehen. Sie bemächtigt sich meiner geistigen und seelischen Kräfte.

Die Musik erfüllt und bewegt meine Seele. Sie bespielt mein Gehirn. Sie wirkt und spricht in mir.

Dieses „Verstehen" lässt sich kaum in Worte fassen. Es ist mehr eine staunende Zwiesprache zwischen meiner inneren Bewusstheit und der Musik. Dies führt manchmal bis dahin, dass ich nicht mehr zwischen der Musik und mir selbst unterscheiden kann. Das ist dann wohl eine Art Einswerdung.

SAPERE AUDE - WAGE ES, WEISE ZU SEIN![20]

Wir haben im Laufe der Menschheitsgeschichte die Fähigkeit zum erkennenden Denken, die Ratio, entwickelt. Schon lange jedoch sind wir dabei, durch einseitige Anwendung dieser Fähigkeit das Leben - die Natur und damit letztlich uns selbst - zu zerstören.

Das Denken als solches abzulehnen, ist selbstverständlich keine Lösung, es muss vielmehr verwandelt, eingebunden und gezähmt werden. Um wirklich weise zu werden, braucht der Mensch ein Bewusstsein, in dem er

---

[20] Aus dem Verb sapere leitet sich sapientia ab, die Weisheit.

gleichzeitig fühlen, denken und handeln kann. Ein Bewusstsein, in dem er das eine vom anderen unterscheiden kann, ohne es abzuspalten.

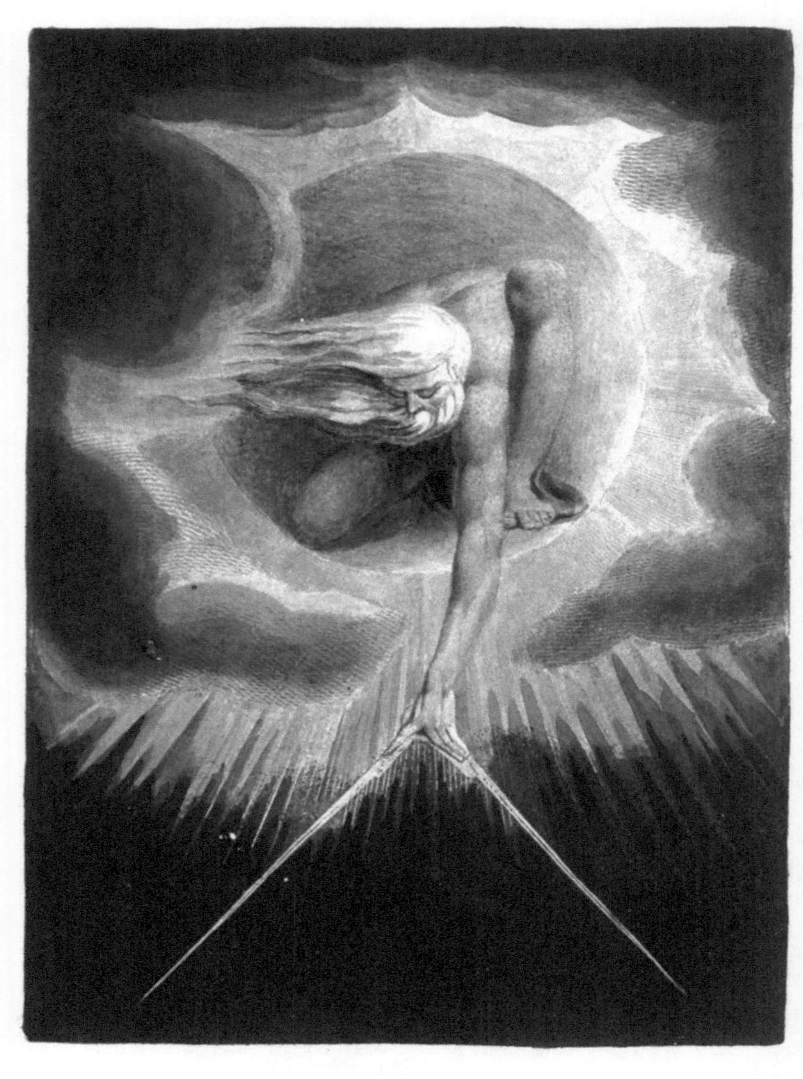

William Blake, Der Alte der Tage / The Ancient of the Days

3

Die Musikmeditation erleben

»Es wird so viel über Musik gesprochen, und so wenig gesagt. Ich glaube überhaupt, die Worte reichen nicht hin dazu - und fände ich, dass sie hinreichten, so würde ich am Ende gar keine Musik mehr machen.«

Felix Mendelssohn-Bartoldy[21]

»Es gehört Rhythmus des Geistes dazu, um Musik in ihrer Wesenheit zu erfassen. Sie gibt Ahnung, Inspiration himmlischer Wissenschaften. Und was der Geist sinnlich von ihr empfindet, das ist die Verkörperung geistiger Erkenntnis. «

Ludwig van Beethoven[22]

»Wer Musik liebt und innig versteht, für den hat die Welt eine Dimension mehr.«

Hermann Hesse[23]

Seit 30 Jahren leite ich Seminare zur Musikmeditation. In diesen Seminaren möchte ich die Teilnehmenden zu einem besonderen Musikerleben hinführen. Durch meine eigene Erfahrung kann ich die Begegnung mit einem Musikstück in jeder Phase begleiten, ermutigen und klären.

---

[21] Brief vom 15.10.1842 an Marc André Souchay
[22] an Bettina von Brentano
[23] in: Hesse, Musik, Hrsg. von Volker Michels, Suhrkamp

Die Musikmeditation hat vier Phasen: sinnlich-fühlendes Erleben, rational-analytisches Erkennen, spielerisch konzentriertes Bewegen und still verweilendes Lauschen im erweiterten Hörbewusstsein.

▶ ERSTE PHASE: SINNLICH-FÜHLENDES ERLEBEN

Die meisten Hörer haben keine musikalische Ausbildung. Daher ist ihr erster Zugang zu den Tönen ein sinnlich-fühlendes Wahrnehmen. Manche sehen innere Bilder, manche haben starke seelische Empfindungen, manche mehr körperliche Wahrnehmungen und natürlich alles auch gemischt. Die Musik wird eher von außen wahrgenommen. Wir hören und erleben eigentlich nicht die Musik, sondern das, was sie in uns auslöst und wachruft.

Beim wiederholten Hören derselben Musik verändert oder vertieft sich diese selbstbezogene Wahrnehmung. Ich ermutige die Teilnehmer, ihr persönliches Erleben kurz in Worte zu fassen. Das bereichert, denn jeder Mensch erlebt Musik auf seine Weise. Faszinierend finde ich, wenn zwei Teilnehmer völlig gegensätzliche Wahrnehmungen schildern. Das sind quasi die Pole des fühlenden Erlebnisraumes, den diese Musik im Augenblick aufspannt.

Was die einzelnen mitteilen, wird grundsätzlich nicht kommentiert und auch nicht bewertet. Es sind individuelle Wahrnehmungen, die weder falsch noch richtig sein können, sondern einfach da sind. Da ich die Musik bereits von innen höre und kenne, ist es mir möglich, selbst die unterschiedlichsten und widersprüchlichsten Eindrücke der Teilnehmer nachzuvollziehen oder zumindest im Stück zu verorten (welche Stelle hat wahrscheinlich dies ausgelöst). Am Ende des Meditationsprozesses können das alle, oft verbunden mit Staunen und Sprachlosigkeit.

EMOTIONALE EBENE: VERGÄNGLICHE EKSTASEN

Auf dieser (für die meisten Hörer) ersten Ebene der musikalischen Wahrnehmung findet tönende Verwandlung emotionaler Energien statt. Die Töne intensiv fühlen, sich ganz von ihren Schwingungen durchdringen lassen. Das Herz weit machen, das innere Gefäß leer, und es dann mit Musik füllen lassen, in reiner Hingabe.

Die emotionale Dimension des Musikhörens verschafft Ihnen hohe Glücksgefühle, die wieder vergehen. Wenn Sie sich ganz hingeben, heben die Vibrationen der Musik Ihren emotionalen Schwingungskörper auf deren Niveau. In dieser musikalischen Ekstase erleben Sie sich zuweilen wie hellsichtig, sehen traumartig verklärte Bilder. Doch sobald die Töne verklungen sind und auch ihr Nachhall verebbt, löst sich dieser höhere Schwingungszustand auf. Es stellt sich wieder die Ebene ein, auf der Sie in Ihrer Grundschwingung als Person stabil sind.

Diese erste Dimension berührt das Seelische im Menschen. Was die Musik vordergründig verströmt ist seelische Energie, tönende emotionale Substanz. Sie ist direkte

Nahrung für den emotionalen Lebensbereich. Und dieser ist der Boden, auf dem Ihre geistigen Früchte gedeihen.

▶ ZWEITE PHASE: RATIONAL-ANALYTISCHES ERKENNEN

Ist das fühlende Erleben gesättigt (meist nach dreimaligem Hören, jeweils mit Austausch), untersuchen wir die Musik nach ihrem Aufbau. Wir hören rational, nüchtern erkennend, unterbrechen die Musik und belauschen kleine Abschnitte mehrmals hintereinander. Ich zeichne beim Hören die wichtigsten Töne der Hauptthemen auf eine Papiertafel. Manchmal skizziere ich auf einem einzigen Blatt mit farbigen Ölkreiden den Aufbau des gesamten Stückes, verwende unterschiedliche Farben, Linien und Muster. Solch ein „sehendes" Hören aktiviert sanft und oftmals beglückend die Verstandeskräfte.

Das Denken wird benutzt, um der Musik näherzukommen, um tiefer in sie hineinzugelangen. Diese Phase führt bald zu einer Art Erschöpfung. Manchmal auch Widerstand. Manchmal auch zu heller Begeisterung. Sie öffnet immer eine neue Ebene des Hörens. Das ganz persönliche Erleben tritt zurück zugunsten eines allgemeinen Erkennens. Gliederung, Struktur, Aufbau, das ist sachliche Wahrnehmung.

Ein solches Tun ist nur deshalb interessant und sinnvoll, weil zuvor das fühlende Erleben gewürdigt und geschätzt wurde. Emotio und Ratio dürfen einander die Hand reichen.

DIE GEISTIGE EBENE: TÖNENDE ARCHITEKTUR

Diese zweite Ebene der musikalischen Wahrnehmung ist die geistige Ebene. Hier findet tönende Verwandlung mentaler Energien statt. Lassen Sie Ihre mentale Vorstellungskraft frei schweben, verbindet sie sich gerne mit den emotionalen Energien zu „Kopfbildern". So nenne ich die Imaginationen beim Musikhören, die mittels ungebundener geistiger Kräfte überformt werden und sich daher ständig wandeln. Sie produzieren zauberische Lichtgestalten, die sich dann im Strom der Töne wieder auflösen.

Wenn Sie Ihre mentale Kraft beim Musikhören jedoch aktiv benutzen, sucht sie sich konkretes Material, feste Strukturen, an denen sie tätig werden kann (z.B. wenn Sie versuchen, Abschnitte in der Musik zu zählen). Diese Strukturen sind in der Musik verborgen.

In der Tiefe des sich unaufhörlich wandelnden tönenden Stromes ruht die kristallene Kathedrale der Form. Diese geistige Architektur zu heben ist Aufgabe des Verstandes. Hier findet mentale Arbeit statt.

Anfangs können Sie das als Ernüchterung erleben, manchmal auch als Enttäuschung, denn die schönen Gefühlserlebnisse finden hier nicht statt. Die geistige Kraft des Menschen ist unerbittlich klar. Ihr Lichtstrahl durchdringt alle Gebilde der Vorstellung, prüft sie, und viele platzen wie Seifenblasen - auch das kann ein schönes Spiel sein.

TÖNENDE STRUKTUREN ALS KONKRETER GEGENSTAND

Eine Musik rein aus dem Hören heraus zu analysieren ist gar nicht so schwer. Es hat Ihnen bisher nur keiner gezeigt, wie das geht. Sie brauchen Papier und Bleistift, und am besten benutzen Sie einen Kopfhörer. Der Mensch hat sich intelligente und praktische Werkzeuge entwickelt, wie zum Beispiel die Compact-Disc. Ein kleines Abspielgerät, direkt in Reichweite, erleichtert die Arbeit.

Am Rand Ihrer Notizen schreiben Sie die Zeiten auf, wo Sie in dem Musikstück gerade sind. Die Musik vorübergehend anhalten, stille stehn lassen, so dass ihre Strukturen sich im Nachklang immer deutlicher abzeichnen. Zurückspulen, den Abschnitt noch einmal anhören. Ähnliche Stellen miteinander vergleichen.

Schritt für Schritt tasten Sie die innere Architektur der Musik ab. Wenn Sie das wollen, gelingt es Ihnen auch. Aus dem fließenden Magma wird feste Substanz. »Die Musik, immer neu, aus den bebendsten Steinen, baut im unbrauchbaren Raum ihr vergöttlichtes Haus.« Rainer Maria Rilke[24]

In dieser zweiten Phase der musikalischen Wahrnehmung machen wir die Strukturen der Musik sichtbar. Als Hilfsmittel dienen einfache Linien, Zeichen, Punkte, Striche, vergleichbar mit dem frühesten Notensystem des Mittelalters, den Neumen (es sieht wirklich verblüffend

---

[24] Sonette an Orpheus 2/X

ähnlich aus!). Eine solche mentale Arbeit gräbt tiefer als die emotionale Schicht des Musikerlebens und sollte möglichst nicht damit vermischt werden. Sie verläuft nüchtern, sachlich, hellwach anwesend.

Wenn Sie einmal das Entdeckerfieber gepackt hat, dann brüten Sie stundenlang über einem Adagio von Bruckner, oder über dem hitzigen Geschehen eines Allegros aus einem Konzert oder einer Symphonie von Mozart, ohne zu ermüden. Solche geistige Arbeit an einer Musik ist höchst schöpferisch. Sie enthüllt ungeahnte Dimensionen, die in ehrfürchtiges Staunen versetzen können und brennende Begeisterung entfachen (zumindest geht es mir so).

ERSTE UND ZWEITE PHASE IN UMGEKEHRTER REIHENFOLGE

Bei manchen Menschen läuft es genau umgekehrt. Sie erfahren die mentale Ebene als ihre erste Dimension, Musik zu erleben. Sie spüren beim Hören eine besondere Freude, der Musik in ihrer Struktur zu folgen. Sie hören sofort die Themen, erkennen deren Wiederholungen. Manche sehen beim Hören gleich die Noten mit dem inneren Auge. Meist haben sie eine gewisse musikalisch-technische Vorbildung.

Solche Musikhörer werden als zweite, vertiefende Dimension den emotionalen Raum betreten, und eventuell genauso davor zurückschrecken, wie der in seinen Gefühlen aufgehende Hörer sich scheut vor der mentalen Arbeit in der geistigen Dimension der Töne. Um ihr Hören zu vertiefen und ihren Erlebnisraum zu erweitern, brauchen sie die bewusste Übung, sich auf reines Fühlen einzulassen, auf sinnliche Wahrnehmung.

Die ersten beiden Ebenen können also in ihrer Reihenfolge wechseln. Es besteht keine Wertigkeit in der Reihenfolge, sie müssen nur beide durchlebt werden!

▶ DRITTE PHASE:
TASTEN UND BEWEGEN, DIE MELOMORPHOSE

Wer die erste und zweite Ebene der musikalischen Wahrnehmung ganz durchlebt, nimmt die meditierte Musik in seinen Körper auf. Seine Zellen saugen sich voll mit der tönenden Substanz.

Die Melodien und dynamisch-energetischen Sequenzen machen sich dauernd im Innern bemerkbar, bis hinein in Schlaf und Traum. Eine Art Verdauungsprozess findet statt, nachdem die klingende Nahrung zerkleinert wurde. Ihre Erfüllung findet diese geistige Verdauung nun in der dritten Ebene musikalischer Wahrnehmung: der körperlichen Ebene.

Aus der erkannten und durchlebten tönenden Struktur wird die Gebärde. Einmal mehr melodisch, einmal mehr energetisch, drängt die tief im Innern geweckte Musik zur Verkörperung. Behutsam suchen Ihre Hände nach einer schlichten Bewegung, einer Gebärde, die genau zu einem Melodieabschnitt paßt. Stück um Stück wird ertastet, erspürt, abgelauscht, ausprobiert, verworfen, wieder neu bewegt, bis sich alles zusammenfügt zu einer großen tönenden Gestalt, der Melomorphose.

Diese läßt sich schematisch als Zeichnung darstellen - auskristallisiertes Konzentrat der Bewegungsgestalt, Erinnerungshilfe für die lebendige Ausführung der Gebärden.

»Diese [Musikwerke]... sind selbst Geheimnisse. Sie enthalten tausend Offenbarungen, die sie vorerst verschließen wie Reliquienschreine das Wunder. Wie Früchte mit vielen Schalen sind sie, durch die man ganz allmählich zum Kern vordringt. Sie klanglich durchwandern, heißt immer wieder vor Überraschungen stehen, immer wieder Neuland entdecken, immer wieder Unsichtbares sichtbar, fühlbar, hörbar, ruchbar und schmackhaft finden, denn auch das Unsichtbare wird in ihnen Wesenheit.« Vilma Mönckeberg[25]

Jetzt erst beginnt die eigentliche Dynamik der Meditation! Ein wenig Fühlen, ein wenig Denken, und dazu die völlig neue Wahrnehmung: Ich bewege mich sinnvoll und stimmig in der Musik. Indem Sie sich zur Musik synchron bewegen, klar und hellwach in ihrer Struktur gegenwärtig, vereinigen Sie sich mit ihr total. Sie inkarnieren die Töne in Ihren Körper, Sie sind die Musik.

---

[25] Der Klangleib der Dichtung, München 1946

Es ist ein völlig anderes Hören. Es ergreift gleichzeitig die emotionale, die mentale und die körperliche Dimension. Der Schlüssel dazu sind Ihre Hände.

Ihre Hände führen Sie über die Schwelle in noch umfassendere Dimensionen des erlebbaren Seins. In dieser integralen Einheit befinden Sie sich in einer der Musik entsprechenden höheren Schwingungsebene, bei völlig klarem Bewusstsein. »Keine Kunst wirkt auf den Menschen so unmittelbar, so tief, wie die Musik. Eben weil keine uns das wahre Wesen der Welt so tief und unmittelbar erkennen lässt.« Arthur Schopenhauer[26]

MELOMORPHOSE - DIE HOHE SPRACHE DER GEBÄRDE

Die Gebärden der Melomorphose beziehen sich energetisch immer auf die Herzmitte. Hände haben ihre eigentümliche Sprache, die keiner Worte bedarf und sich doch unmittelbar mitteilt. Gebärden sind der musikalischen „Sprache" sehr nah.

Wir achten hier nicht auf die nach außen gerichtete Wirkung einer Gebärde. Wir suchen einfach mit den Händen, wie der Ton sich plastisch im Raum bewegt. Das, was entsteht, heißt in unserer Sprache „Gebärde". Wenn in solchen Gebärden eine „Aussage" enthalten ist, dann ist sie mehr gefühlt als gedacht, und sie entsteht einfach aus

---

[26] Die Welt als Wille und Vorstellung, Buch III, Kap. 52

der Musik. Indem wir die Bewegungen zur Musik ausführen, sprechen unsere Hände (die Gebärden) mit uns selbst.

Die Melomorphose ist kein Tanz, denn dieser gebraucht aktiv die Füße, drängt in den Bewegungen nach außen. Die Melomorphose hingegen sucht die Bewegung nach innen. Die Hände folgen in langsamen und fließenden Bewegungen der im tönenden Strom verborgenen Struktur. Dabei verstärkt sich die seelisch-geistige Wahrnehmung einer Bewegung im Inneren.

Dies ist eine hohe Form der Meditation, ein ganzheitliches Gebet. Sie wird im Stehen ausgeführt. Bei manchen Musikstücken entsteht langsames Gehen (musikalisches Schreiten). Auch die Gebärde des Kniens und sich wieder Erhebens kann vorkommen.

Eine gewisse Verwandtschaft findet sich zur Bewegungskunst des Tai-Chi oder Qi Gong. Jedes Musikstück hat eine individuelle Struktur, so dass immer ein spezifisches Gebärdenmuster entsteht. Jede Melomorphose stellt somit eine eigene energetische Übung dar. Eine besondere Nähe zum Tai-Chi fand ich bisher in der Gestaltung kleinerer Musikstücke von J.S. Bach.

EURYTHMIE UND MELORHYTHMIE

Wiederholt werde ich gefragt nach der Beziehung zur Eurythmie, einer von der Anthroposophischen Bewegung entwickelten Bewegungs- und Heilkunst.

In der Musik-Eurythmie wird das ätherische Energiemuster der Musik in reichhaltigen Bewegungsabläufen mit dem ganzen Körper ausgedrückt, nach außen dargestellt.

Die Melomorphose dient dazu, die verborgene astrale Gestalt der Musik dem Hörenden wahrnehmbar zu machen und einzuprägen. Sie eignet sich nicht für eine Darstellung oder Aufführung, dafür ist der Meditationsvorgang zu intim. Eurythmie hingegen ist eine ausgesprochen darstellungsorientierte Bewegungskunst.

Eine Mischform ist die Melorhythmie, wie sie Prof. George Balan, der Gründer der Musicosophia[27], entwickelt hat und die ich ursprünglich (1985-89) von ihm erlernt habe. In der weiteren Entwicklung der Musicosophia-Schule betonte die Melorhythmie mehr den analytischen Aspekt des bewussten Musikhörens. Die mental erkannten Strukturen einer Musik werden nacheinander mit den Händen dargestellt, was zu einer enormen Steigerung der Konzentration verhilft.

Die Melomorphose sucht geduldig nach einer Gesamtgestalt. Sie ist eine Frucht der Meditation. Es dauert manchmal Monate oder Jahre, bis eine Musik „ihre“ Gestalt offenbart. Diese Formen und Bewegungsabläufe haben etwas Allgemeingültiges, Überpersönliches. Seminarteilnehmer sprechen davon, dass es sich irgendwie stimmig oder richtig anfühlt.

---

[27] siehe Anmerkung 18, S.42

Es gibt hellsichtige Menschen, die diese Gestalt der Musik beim Hören mit dem inneren Auge sehen können. Manche Melomorphosen entstehen auf diese Weise, in der Meditation, innerlich geschaut.

SPIELERISCH, KONZENTRIERT UND ENTSPANNT

Diese dritte Phase ist in meinen Seminaren zur Musikmeditation das eigentliche Üben. Stück für Stück, Abschnitt für Abschnitt, setzen wir die Musik um in eine Abfolge fließender Gebärden, entsprechend der von mir zuvor erarbeiteten Melomorphose. Natürlich können die Teilnehmer auch andere Gebärden ausprobieren, und jedem steht es frei, mein Angebot einer stimmigen Form ganz, teilweise oder gar nicht zu übernehmen. Auch hier gibt es kein Richtig oder Falsch.

Die eigene Haltung sollte dabei entspannt sein, besonders im Stehen. Wir üben, uns auf spielerische Weise zu konzentrieren und in jedem Augenblick präsent zu sein.

Mit farbigen Ölkreiden male ich eine Skizze der Bewegungen auf die Papiertafel. Das Auge staunt und freut sich. Buchstaben und Zahlen erläutern als Randnotiz die logische Struktur. Das verstehen wollende Denken wird gesättigt, erhält Sicherheit. Nach und nach erschließt sich der innere Raum des Musikstückes. Er wird für jeden sichtbar, berührbar und begehbar.

Die Teilnehmer verstummen, die Augen leuchten oder
sind geschlossen. Es gibt (und braucht) keine Worte mehr.
Dafür „spricht" die Musik jetzt von innen, erzeugt neue
Gedanken, wunderbare innige oder ekstatische Gefühle.
Viele beschreiben eine große innere Ruhe, die sich aus-
breitet. Je nach dem Charakter der Musik kann sich auch
innere Stärke, Zuversicht oder Begeisterung ausbreiten.
Das von mir Ergriffene beginnt, mich zu ergreifen (Graf
Dürckheim[28]).

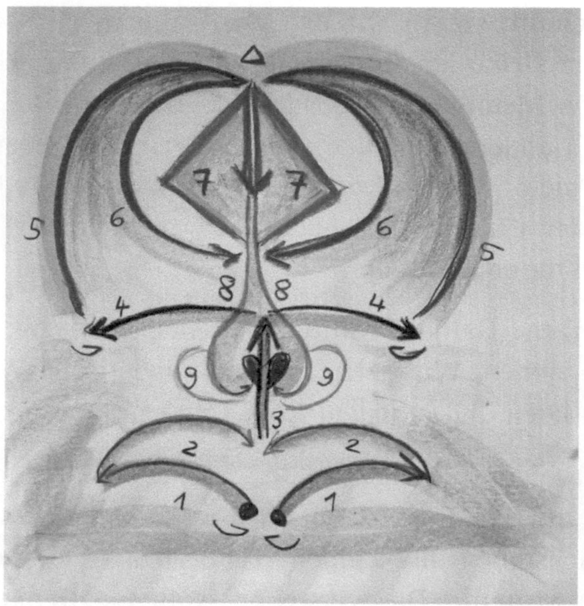

Melomorphose zu Bach Präludium h-moll 855A

---

[28] „Meditation beginnt erst dort, wo das vom Ich Ergriffene das Ich ergreift
und aus der gegenständlichen Auseinandersetzung eine inständliche Ineinan-
dersetzung wird." Graf Dürckheim, Karlfried, Der Alltag als Übung. Vom Weg
zur Verwandlung (6. Aufl.), Bern 1966, S.49.

Hier beginnt die vierte Phase der Musikmeditation, die eigentliche Kontemplation. Es gibt nichts mehr zu sagen, nichts mehr zu fragen. Wir sind reines Lauschen, hingegeben, empfänglich und aktiv zugleich. Wieder sind wir am „Üben"[29].

Gerade in den Schichten der eigenen Persönlichkeit, wo der/die Hörende gewohnt ist, sich seelisch an etwas festzuklammern oder sich innerlich zu verschließen, wird Veränderung geschehen, die zu tiefer Reinigung und Transformation führen kann.

Die Musik kommt jetzt nicht mehr von außen, sondern tönt in mir. Ich fühle, spüre und denke die Musik. Ich bin die Musik. Die Seele wird gesättigt. Da ist kein Raum mehr für seelisches Hungern und Dürsten. Die Musikmeditation befähigt uns, den Strom der transzendenten Kräfte einer Musik in uns selbst wahrzunehmen. Wir tauchen darin ein. Wir lassen unser kleines, hilfloses Ich los, weil ein größeres Ich uns sicher hält.

Diese vierte Phase des still verweilenden Lauschens ist natürlich kein Endprodukt. Es begleitet - immer wieder, als Ausgleich, zur Erholung, zur Orientierung - den Prozess der vorher beschriebenen drei Phasen.

---

[29] Die „Übung" ist ein Grundwort im Zen.

Mit jedem Schritt, den wir in den inneren Raum der Musik tun, mit jedem Bissen „Tonsubstanz", den wir kauen, schlucken und verdauen, verändert sich das Lauschen.

UNTERSCHIEDLICHE WEGE DER KONTEMPLATION

Die Menschen sind so unterschiedlich! Um in den Zustand der Kontemplation, des hingegebenen Loslassens zu gelangen, brauchen manche eine unbeschränkte Erlaubnis, alles fühlen zu dürfen, was da ist. Andere brauchen eine klare Struktur, die sie hält und sicher macht (so kann es genügen, die Melomorphose-Bewegungen nur noch mit den Fingern zu machen, ganz klein). Und wieder andere brauchen die totale Sättigung und Überflutung, um es endlich einmal zu wagen, die innere Leere zuzulassen.

Manche müssen sich äußerlich an etwas festhalten, um innerlich loslassen zu können - sie schließen beim Lauschen niemals die Augen. Und manche tauchen mühelos hinab ins Unbewusste.

DAS GLASPERLENSPIEL DER HÖRER

Die Musikmeditation ist eine Art Glasperlenspiel[30] der Hörer. Sie hat kein Ziel, das es zu erreichen gälte. Meine Aufgabe als Leiter ist es nicht, die Musik zu erklären oder zu deuten! Ich führe nur die Teilnehmer in die Musik hin-

---

[30] Ich beziehe mich auf den Roman „Das Glasperlenspiel" von Hermann Hesse

ein. Ich helfe ihnen dabei, mehr und mehr die Musik selbst zu hören und sich immer weniger mit sich zu beschäftigen.

Wenn das gelingt, „spricht" die Musik in jedem Einzelnen auf je verschiedene Weise. Verstehen, was die Musik bedeutet, ist eine höchst individuelle Angelegenheit.

DURCH DEN KÖRPER ZUM GEHEIMNIS DER MUSIK

Vorstellungskraft und emotionale Hingabe sind nicht alles. Der ganze Mensch ist erst durch seinen Körper anwesend. Dieser, in der westlichen Tradition lange vernachlässigte, wahre Tempel des Geistes birgt das tiefste Geheimnis des Hörens. Wenn Sie lernen, die Musik auch mit dem Körper zu hören, betreten Sie eine neue Dimension. Sie überschreiten eine Schwelle, die sich innerhalb der Musik befindet und werden zugelassen in ihr Allerheiligstes. Das Überqueren dieser Schwelle ist deutlich erfahrbar.

Mit dem ganzen Wesen Musik zu hören wirkt sich auch auf die konkrete leibliche Substanz aus. Es finden Umbauprozesse statt, tönende Verwandlung somatischer Energien, ein heilendes Geschehen. Ihr Körper wird lichtdurchlässiger, energetisch höher schwingend. Sensible Musikmeditierende spüren die Vibration in allen Zellen. Manchmal sprechen Teilnehmer von „glühenden Handflächen".

DIE BEDEUTUNG DER KÖRPERHALTUNG

Die Haltung Ihres Körpers ist bereits eine Grundgebärde, mit der Sie den Tönen begegnen. Sie beeinflußt Ihre psychische Resonanzfähigkeit. So hängen die Wirkung, das Erleben, die inneren Bilder, der Eindruck einer Musik ab von Ihrer Haltung.

Dies bezieht sich natürlich nicht nur auf den Körper, sondern ebenso auf die Seele und auf den Geist. Die emotionale und psychische Haltung, die geistige Haltung (unsere „Einstellung") beeinflussen unmittelbar unsere Begegnung mit der Musik.

Was „Stehen" als musikalische Hörerfahrung bedeutet, können Sie ganz einfach ausprobieren. Wählen Sie ein Musikstück, das Sie besonders anspricht, speichern Sie es in ihrem Wiedergabegerät ein, und stellen Sie sich, innerlich gesammelt, aufrecht auf Ihre Fußsohlen. Bevor die Musik beginnt, spüren Sie in Ihren Körper hinein, vom Bodenkontakt bis zum Scheitel.

Dann hören Sie die Musik und bleiben dabei weiter gesammelt stehen. Sie können leicht schwingen, Knie locker, damit Sie entspannt bleiben und besser spüren, was in Ihrem Körper geschieht. Lassen Sie Ihre Füße geerdet.

Teilnehmer meiner Seminare schildern dieses Hören im Stehen als „ganz anders" als im Sitzen. Wacher, intensiver, manchmal so neu, als sei es ein anderes Musikstück und sei noch nie gehört worden, obwohl wir es gerade zuvor im Sitzen gemeinsam gehört hatten. Wem das Stehen körperliche Mühe bereitet, wird natürlich eine andere Erfahrung machen.

Als Kontrast dazu können Sie dasselbe Musikstück einmal im Liegen hören, auf einer festen Unterlage, auf einer Matte.

ZUSAMMENFASSUNG

In der Musikmeditation sind Sie konzentriert und wach und gleichzeitig entspannt und offen. Sie fühlen mit hoher Intensität, und Sie bewegen sich leicht und fließend. Sie sind als ganzer Mensch auf lebendige Weise einbezogen in das Geschehen.

Mit Ihren Händen gestalten Sie den Verlauf der Töne und Klänge in ruhigen und klaren Gebärden. Die architektonische Gestalt der Musik, die Melomorphose, wird sichtbar, spürbar und erlebbar. Ihr Körper eröffnet Ihnen eine völlig neue und beglückende Weise, Musik zu erleben und zu verstehen. Er vermittelt Ihnen eine Weisheit, von der Ihr Verstand nichts weiß.

Nach einigem Üben wird es möglich, dabei sogar die Augen zu schließen. Es entsteht Raum zur völligen Hingabe an die Musik, emotional, mental und taktil-sensomotorisch. Sie erleben Ihren Körper wie ein tönendes Instrument.

Dabei überschreiten Sie Ihre ich-bezogenen Grenzen, hin zum Einswerden mit dem Umfassenden, dem Größeren. Solches Geschehen verwandelt und führt zur Wahrnehmung des Wesens.

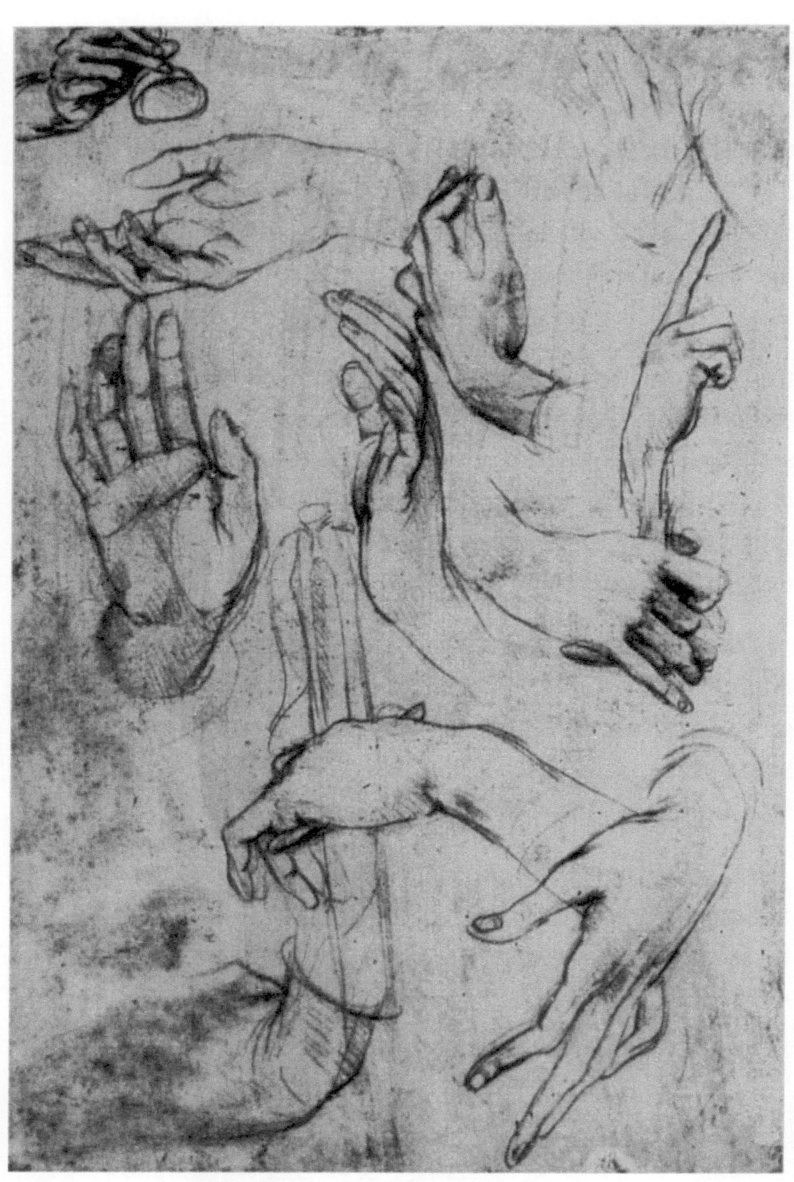

Leonardo da Vinci, Handstudien

EPILOG

»La musique chasse la haine chez ceux qui sont sans amour. Elle donne la paix à ceux qui sont sans repos, elle console ceux qui pleurent. Ceux qui se sont égarés trouvent de nombreux chemins et ceux qui refusent tout retrouvent confiance et espoir.«

»Bei denen, die nicht lieben, vertreibt die Musik allen Haß. Dem Ruhelosen gibt sie Frieden, und den Weinenden tröstet sie. Die, die nicht mehr weiter wissen, finden neue Wege, und denen, die alles ablehnen, erwächst neue Sicherheit und Hoffnung.«

Pablo Casals[31]

Wenn Sie Musikwerke wirklich ganzheitlich hören, mit gleichzeitigem Einsatz Ihres Körpers und Ihrer höchsten Bewusstseinskräfte, werden sich die Töne Ihnen verständlich mitteilen. Es ist wie eine innere Stimme in Ihrem Herzen, in Ihrer Mitte, die Ihnen die wahre Bedeutung erklärt.

Nicht dass Sie anfangen würden, „Stimmen zu hören“. Sie wissen es einfach, unmittelbar. Es ist eine innere Gewissheit. Die entsteht aus der Wahrnehmung eines Gesamtzusammenhanges. Sie haben ein Gefühl von Durchblick, von Überblick. Das Herz weiß, indem es berührt.

---

[31] Ein häufig wiedergegebenes Zitat. Ich habe es aus einem Musikkalender.

Manchem mag es ungewöhnlich vorkommen, dass in der Musik eine Art persönliche Mitteilung oder Botschaft enthalten sein könnte. Besonders wenn man gewohnt ist, Musik historisch einzuordnen.

Die historisierende Deutung (was hat der Komponist zu der Zeit erlebt, als er diese Musik schuf) ist eine der beliebtesten „Lehren" und letztlich ein Weg der psychologischen Abwehr. Wenn Beethovens Eroica für die Revolution und für Napoleon geschrieben wurde, dann braucht mich das ja nicht zu erschüttern. Ich kenne viele große Musiker, die da ganz anderer Ansicht sind. Charles Munch, ein berühmter Dirigent, wurde einmal gefragt, wer denn nun der Held der Eroica sei? Und er antwortete: »Der, der sie hört!«

Ich gehe davon aus, dass die großen Werke der klassischen Musik den Komponisten einst inspiriert wurden, ohne dass sie wirklich sagen oder denken konnten, was ihre Musik „bedeutet". Und dass erst die Zeit kommen musste, wo die Menschen diese Werke einerseits vollendet spielen können, und andererseits auch erfassen und verstehen können.

Es gibt nach meiner Ansicht, wie im Prolog beschrieben, keine feststehende Botschaft in einer Musik. Doch es gibt in den energetischen Abläufen, in den tönenden Lösungswegen der inspirierten klassischen Musik auffällige Übereinstimmungen, die in ihrer Essenz durchaus verständlich sind.

Auf den Punkt gebracht, „sagt" die Essenz der großen Musik:

1. ICH verstehe Dich, aber (bitte) hör auf zu jammern.
2. Sei Licht, sei Du selbst.
3. Geh in Deine Kraft, die ICH Dir gegeben habe.
4. Handle wie Du willst.

Im tönenden Wortlaut ist das Ganze natürlich feinfühliger formuliert, ja geradezu therapeutisch differenziert. Dies in Worte zu fassen überlasse ich den Dichtern unter Ihnen...

Sri Aurobindo über Beethoven

»Zweifellos kam Beethovens Musik oft aus einer anderen Welt; deshalb ist es gut möglich, dass sie den Schlüssel einem innerlich sensitiven Zuhörer oder einem gibt, der sucht oder bereitet ist, dass die Verbindung hergestellt werden kann. Aber ich denke, dass es sehr wenige sind, die weiter gehen, als durch eine Empfindung größerer Dinge ästhetisch bewegt zu werden. Den Schlüssel zu ergreifen und ihn zu benützen, das kommt selten vor.«

Sri Aurobindo (aus Briefen an seine Schüler)[32]

---

[32] in: Klaus Derick Muthmann, Musik und Erleuchtung, Verlag Max Hieber 1984, S.281 (Übersetzung des Zitates: Michel Klostermann)

J.W. Goethe über Bach

»Dort (in Berka) war mir zuerst bei vollkommener Gemütsruhe und ohne äußere Zerstreuung ein Begriff von Eurem Großmeister geworden. Ich sprach mir's aus: als wenn die ewige Harmonie sich mit sich selbst unterhielte, wie sich's etwa in Gottes Busen, kurz vor der Weltschöpfung, möchte zugetragen haben, so bewegte sich's auch in meinem Innern. Und es war mir, als wenn ich weder Ohren, am wenigsten Augen, und weiter keine übrigen Sinne besäße noch brauchte.«

J.W. Goethe[33]

---

[33] ebenda, S.17

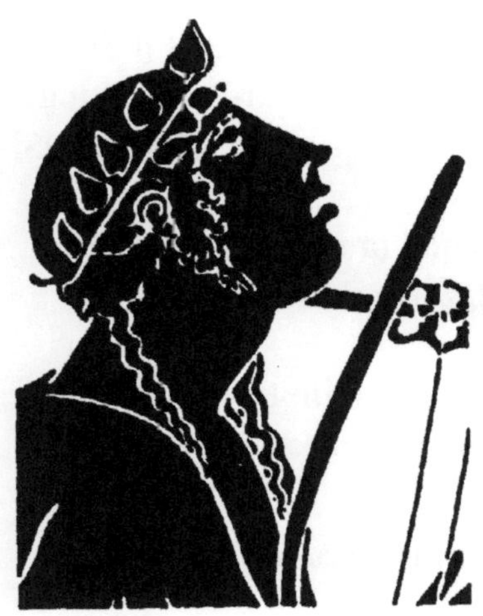

Anhang

Beispiele für die Musikmeditation

mit Angabe der von mir bevorzugten Einspielungen, die sich alle für ein vertieftes, meditatives Hören eignen und von besonderer Schönheit sind, sogenannte Referenzaufnahmen.[34] *Die Komponisten sind alphabetisch geordnet.*

I. KLEINE STÜCKE

J.S. BACH, Air aus der Suite D-Dur BWV1068
- Karl Münchinger, Stuttgarter Kammerorchester 1962 [DECCA]
- Maurice André, Trompete & Hedwig Bilgram, Orgel [EMI]
- Matthias Bamert, BBC Philharmonic (Stokowski-Bearbeitung) [CHANDOS]

J.S. BACH, Schafe mögen sicher weiden (aus Kantate 208)
- Karl Münchinger, Stuttgarter Kammerorchester 1978 [DECCA]
- Matthias Bamert, BBC Philharmonic (Stokowski-Bearbeitung) [CHANDOS]

J.S. BACH, Jesus bleibet meine Freude (aus Kantate 147)
- Tatjana Nikolajewa, Klavier 1982/Klavierbearbeitung

J.S. BACH, Siciliano g-moll aus Flötensonate BWV1031
- Tatjana Nikolajewa, Klavier 1982 /Klavierbearbeitung

---

[34] Die genannten Werke sind -fast alle- auf meinen Seminar-CDs „Musikarchiv", erhältlich für Seminarteilnehmer.

J.S. BACH, Präludium h-moll, BWV855A
(für Wilhelm Friedemann Bach)
- Hamish Milne, Klavier [HYPERION]

**BEETHOVEN, Adagio cantabile aus 8. Klaviersonate op.13
„Pathétique"**
- Arthur Rubinstein, Klavier 1962 [RCA/BMG]
- Daniel Barenboim, Klavier 1967 [EMI]
- Alfred Brendel, Klavier 1975 [PHILIPS]

**BEETHOVEN, Andante con moto aus 4. Klavierkonzert G-Dur
op.58**
- Claudio Arrau, Colin Davis, Staatskapelle Dresden [PHILIPS]

**BRAHMS, 24 Ungarische Tänze (besonders die ersten zehn
Tänze)**
- Claudio Abbado, Wiener Philharmoniker [DEUT. GRAMM.]

BRAHMS, Poco allegretto aus 3. Symphonie F-Dur
- Sir Georg Solti, Chicago Symphony Orchestra [DECCA]

BRAHMS, Ave Maria op.12
- Matthew Best, Corydon Singers 1991 [HYPERION]

BRUCKNER, Locus iste a Deo factus est
- Matthew Best, Corydon Singers [HYPERION]

Bruckner, Tota pulchra es
- Matthew Best, Corydon Singers [HYPERION]

Bruckner, Christus factus est
- Matthew Best, Corydon Singers [HYPERION]

Bruckner, Ave Maria
- Eugen Jochum, Chor des Bayerischen Rundfunks
   [DEUTSCHE GRAMM.]

Chopin, La cathédrale engloutie (Préludes Heft 1)
- Friedrich Gulda, Klavier
- Claudio Arrau, Klavier

César Franck, Panis Angelicus
- Kiri Te Kanawa, Barry Rose, English Chamb Orch [PHILIPS]
- Elisabeth Schwarzkopf, Charles Mackeras, Philh. Orch. [EMI]
- Wolfgang Sawallisch, The Philadelphia Orchestra [EMI]

César Franck, Ave Maria
- Kurt Redel, Pro Arte Orchester [DEUTSCHE GRAMM.]

Gounod, „Sanctus" aus der Cäcilienmesse
- Georges Prêtre, Radio France Paris 1984 [EMI]

Gregorianik, Jubilate Deo universa terra
 - P. Hubert Dopf, Choralschola Wiener Hofburgkap.83 [PHILIPS]

Gregorianik, Rorate caeli
- P. Hubert Dopf, Choralschola Wiener Hofburgkap.83 [PHILIPS]

Gregorianik, Alleluja. Veni Sancte Spiritus
- Dom Joseph Gajard, Choeur des moines de
   St. Pierre de Solesmes [ACCORD]

Edward Grieg, Adagio aus Kalvierkonzert a-moll   [DECCA]
- Radu Lupu, André Previn, London Symphony Orchestra 1973

Hildegard von Bingen, Ave generosa
- Margaret Philpot (Gothic Voices) [HYPERION]

Hildegard von Bingen, O successores fortissimi leonis
- Sequentia [DEUTSCHE HARMONIA MUNDI]

Hildegard von Bingen, O pulchrae facies
- Sequentia [DEUTSCHE HARMONIA MUNDI]

Hildegard von Bingen, Vos flores rosarum
- Sequentia [DEUTSCHE HARMONIA MUNDI]

Hildegard von Bingen, O quam mirabilis est
- Sequentia [DEUTSCHE HARMONIA MUNDI]

Hildegard von Bingen, O pastor animarum
- Ritscher, Schola der Benediktinerinnen St. Hildegard
    Eibingen 1979 [BAYER]

Hildegard von Bingen, O ecclesia
- Gothic Voices, Christopher Page [HYPERION]

Hildegard von Bingen, Columba aspexit
- Gothic Voices, Christopher Page [HYPERION]

Humperdinck, Abends will ich schlafen gehen (Hänsel und
Gretel)
- Stokowski, Norman Luboff Choir, New Symphony Orch.
    London 1961 [BMG]

Franz Lehár, Vilja-Lied
- Julian Lloyd-Webber, Cello; English Chamber Orch. [PHILIPS]

Claudio Monteverdi, Duo Seraphim (Motette)
- René Jacobs, Concerto Vocale [HARMONIA MUNDI FRANCE]

Mozart, Andantino aus Divertimanto D-Dur KV251
- Sandor Végh, Camerata Salzburg [CAPRICCIO]

Mozart, Eine kleine Nachtmusik KV525 (alle Sätze)
- Karl Böhm, Wiener Philharmoniker 1976 [DGG]

Mozart, Menuetto aus 17. Divertimento D-Dur KV334
- Sandor Végh, Camerata Salzburg [CAPRICCIO]

Mozart, Menuetto II aus Divertimento D-Dur KV205
- Richard Edlinger, Capella Istropolitana [NAXOS]

Mozart, Larghetto aus 3. Hornkonzert Es-Dur KV447
- Vlatkovic, Tate, English Chamber Orchestra [EMI]
  „Sämtliche Hornkonzerte", im Prinzip alles

Mozart, Ave verum corpus D-Dur KV618
- Sir Colin Davis, London Symphony Orch+Chorus [PHILIPS]

Mozart, Laudate Dominum aus Vespera solennes de confes-
sore KV339
- Kiri Te Kanawa, Sir Colin Davis, London Symphony
  Orch+Chorus [PHILIPS]

Nilsson/Pollack, Gabriella's Song aus Film „Wie im Himmel"
- Original Filmmusik

Arvo Pärt, De profundis
- The Hilliard Ensemble [ECM]

Saint-Saens, Der Schwan (Le cygne)
- Mischa Maisky, Semion Bychkov, Orchestre de Paris [DGG]
- Julian Lloyd-Webber, Cleobury, English Chamb.Orch. [PHILIPS]

Franz Schubert, Impromptus op.90 Ges-Dur
- Peter Rösel, Klavier 1989 [ARS VIVENDI]

Franz Schubert, Impromptus op.90 As-Dur
- Peter Rösel, Klavier 1989 [ARS VIVENDI]

Franz Schubert, Ave Maria (aus Ellen's Gesänge D839)
- Sandor Czech Ensemble [VMK]
- Budapest Strings [CAPRICCIO]
- Kiri Te Kanawa, English Chamber Orchestra [PHILIPS]

Carl Stamitz, Romanze Andantino aus 1. Cellokonzert G-Dur
- Christian Benda, Prager Kammerorchester 1993 [NAXOS]

Tschaikowsky, Priidite poklohimsja
aus Liturgie des Joh. Chrysostomos op.41
- Valerij Polianski, Russischer Kammerchor [MELODIA]

Tschaikowsky, Andante cantabile
  aus 1. Streichquartett D-Dur op.11
- Borodin-Quartett 1980 [MELODIA/BMG]

Tschaikowsky, Otche nash
  aus Liturgie des Joh. Chrysostomos op.41
- Dimiter Rouskov, The Great Mixed Bulgarian Choir [---]

Giuseppe Verdi, Vorspiel zu La Traviata 1. und 3. Akt
- Giuseppe Sinopoli, Wiener Philharmoniker 1983 [PHILIPS]

II. GROSSE STÜCKE

J.S. Bach, Agnus Dei aus der h-moll-Messe BWV 232
- Helmuth Rilling, Bach Collegium Stuttgart, Julia Hamari, Alto
[CBS]

J.S. Bach, Toccata und Fuge d-moll BWV565
- Daniel Chorzempa, De Bovenkerk 1982 [PHILIPS]

J.S. Bach, Ciacconna aus 2. Partita für Violine solo d-moll
BWV1004
- Shlomo Mintz, Violine [DGG]

Beethoven, Largo aus 1. Klavierkonzert C-Dur op.15
- Claudio Arrau, Sir Colin Davis, Staatskapelle Dresden 1987
[PHILIPS]

Beethoven, Largo aus 3. Klavierkonzert c-moll op.37
- Claudio Arrau, Sir Colin Davis, Staatskapelle Dresden 1987
[PHILIPS]

Beethoven, Coriolan-Ouvertüre
- Herbert Kegel, Dresdner Philharmonie [CAPRICCIO]

Beethoven, Vorspiel zu Christus am Ölberge op.85
- Helmut Koch, Rdfk-Sinfonie-Orch.Berlin ‚70 [BERLIN CLASSICS]
(- Serge Baudo, Orchestre National de Lyon [HM FRANCE])

Beethoven, Symphonie Nr. 3 „Eroica" op.55 (alle 4 Sätze)
- Herbert Kegel, Dresdner Philharmonie [CAPRICCIO]

Beethoven, Symphonie Nr. 5 c-moll op.67, 1. und 2. Satz
- Sir Georg Solti, Chicago Symphony Orch 1986 (!) [DECCA]

Beethoven, Symphonie Nr. 7 A-Dur op.92, 1. Satz Poco
sostenuto, Vivace
- Herbert Kegel, Dresdner Philharmonie [CAPRICCIO]

Beethoven, Adagio aus der 9. Symphonie d-moll
- Herbert Kegel, Dresdner Philharmonie [CAPRICCIO]

Brahms, 2. Satz Andante aus Doppelkonzert Violine & Cello
- Bruno Walter, Zino Francescatti, Pierre Fournier 1959 [CBS]

Brahms, Erstes Klavierkonzert op.15 (alle drei Sätze)
- Emil Gilels, Eugen Jochum /Berlin [DEUTSCHE GRAMMOPH]

Brahms, Symphonien 1-4 alles
(am zugänglichsten sind Nr.1 und Nr.3)
- Sir Georg Solti/ Chicago Symphony Orchestra [DECCA]

Bruckner, Kyrie aus 3. Messe f-moll
- Karl Forster, Chor St. Hedwig Berlin, Berliner Philh. 62 [EMI]

Bruckner, Sanctus und Benedictus aus 3. Messe f-moll
- Eugen Jochum, Chor und Orch. Bayerischen Rundf. [DGG]

Bruckner, Te Deum
- Eugen Jochum, Berliner Philharmoniker,
  Chor Deutsche Oper Berlin 1965 [DGG]

Bruckner, Alle Symphonien Nr. 1 bis 9 alles
(zum Einstieg eignet sich Nr. 2)
- Eugen Jochum, Berliner Philharmoniker und
   Symphonieorchester des Bayerischen Rundfunks [DGG]

+Bruckner, Finale 3. Symphonie d-moll (Alternative)
- Riccardo Chailly, Radio-Symphonie-Orchester Berlin [DECCA]

+Bruckner, Symphonie Nr. 5 B-Dur (Alternative)
- Sir Georg Solti, Chicago Symphony Orchestra [DECCA]

Chopin, Larghetto (2.Satz) aus 2. Klavierkonzert f-moll op.21
- Ivo Pogorelich, Abbado, Chicago Symphony Orchestra [DGG]

Chopin Trauermarsch aus 2. Klaviersonate b-moll op.35
- Adam Harasiewicz (Aufnahme von 1958) [PHILIPS]

Chopin, Polonaise As-Dur op.53
- Adam Harasiewicz, Klavier 1992 (!) [DISCOVER]

Dvorak, Adagio aus Cellokonzert h-moll
- Miklos Perenyi, Fischer/Budapest, [HUNGAROTON]

Dvorak, Largo aus 9. Symphonie op.95 „Aus d. Neuen Welt"
-Sir Georg Solti, Chicago Symphony Orchestra [DECCA]

Gustav Mahler, Finale (6. Satz) der 3. Symphonie d-moll
- Sir Georg Solti, Chicago Symphony Orchestra [DECCA]
- Rafael Kubelik, Symphonie-Orch. d. Bayerischen Rundf [DGG]

Mendelssohn-Bartholdy, Adagio und Finale aus 3. Symphonie („Schottische")
- Claudio Abbado, London Symphony Orchestra [DGG]

Mozart, Adagio aus dem Klarinettenkonzert A-Dur KV 622
- Jack Brymer, Sir Colin Davis, London Symph Orch [PHILIPS]

Mozart, 15. Klavierkonzert B-Dur KV450,
1. Allegro und 2. Andante
- Daniel Barenboim, English Chamber Orchestra 1968 [EMI]

Mozart, 17. Klavierkonzert G-Dur KV453,
2. Andante und 3. Allegretto
- Vladimir Ashkenazy, Philharmonia Orch 1979/84 [DECCA]

Mozart, 18. Klavierkonzert B-Dur KV456, 2. Andante
- Vladimir Ashkenazy, Philharmonia Orchestra 1986 [DECCA]

Mozart, 20. Klavierkonzert d-moll KV466, 2. Andante
- Daniel Barenboim, English Chamber Orchestra 1967 [EMI]

Mozart, 21. Klavierkonzert C-Dur KV467, 2. Andante
- Daniel Barenboim, English Chamber Orchestra [EMI]

Mozart, 23. Klavierkonzert A-Dur KV488,
1. Allegro und 2. Andante
- Vladimir Ashkenazy, Philharmonia Orchestra 1982 [DECCA]

Mozart, 24. Klavierkonzert c-moll KV491, 2. Larghetto
- Daniel Barenboim, English Chamber Orchestra 1971 [EMI]

Mozart, Maurerische Trauermusik c-moll KV477
- Bruno Walter, Columbia Symphony Orch 1961/1970 [CBS]

Mozart, Ouvertüre zu Don Giovanni d-moll KV527
- Neville Marriner, Academy of St. Martin-in-the-Fields [EMI]

Mozart, Ouvertüre zur Zauberflöte Es-Dur KV620
- Bruno Walter, Columbia Symphony Orchestra 1961 [CBS]
- Karl Böhm, Berliner Philharmoniker 1964 [DGG]

Mozart, Symphonie Nr. 40 g-moll KV550 (alle Sätze)
- Karl Böhm, Wiener Philharmoniker 1977 [DGG]
- Sir Colin Davis, Staatskapelle Dresden [DECCA]

Mozart, Symphonie Nr. 41 C-Dur KV551 Jupiter,
2. Andante cantabile, 3. Menuetto
- Eugen Jochum, Bamberger Symphoniker 1983 [ORFEO]
- Karl Böhm, Wiener Philharmoniker 1977 [DGG]
- Bruno Walter, Columbia Symphony Orchestra 1963 [CBS]
- Sir Colin Davis, Staatskapelle Dresden [DECCA]

Mozart, Agnus Dei aus der Krönungsmesse KV317
- Eugen Jochum, Chor + Orch. Bayerischer Rundfunk,
   Julia Hamari 1977 [EMI]

Mozart, Kyrie c-moll aus der Großen Messe c-moll KV427
- Raymond Leppard, John Alldis Choir,
   New Philharmonia Orchestra 1974 [EMI]

Mozart, Gloria aus der Großen Messe c-moll KV427 (ganz)
- Raymond Leppard, John Alldis Choir,
   New Philharmonia Orch. 1974 [EMI]

Mozart, Credo aus der Großen Messe c-moll KV427
- Raymond Leppard, John Alldis Ch, NewPhilh.Orch. 74 [EMI]

Rachmaninow, 2. Klavierkonzert c-moll op.18 (1. u. 2. Satz)
- Cécile Licad, Claudio Abbado, Chicago Symphony Orch [CBS]

Schubert, Die Unvollendete, 8. Symphonie h-moll (ganz)
- Giuseppe Sinopoli, Philharmonia Orchestra [DGG]

Schubert, Adagio aus Oktett F-Dur für Streicher+Bläser D803
- Berliner Solisten 1989 [TELDEC]

Tschaikowsky, Adagio cantabile 1. Symphonie g-moll op.13
- Adrian Leaper, Polnisches Radio Symph-Orch. 1991 [NAXOS]

Tschaikowsky, Cheruwimska
aus Liturgie des Joh. Chrysostomos op.41
- Dimiter Rouskov, The Great Mixed Bulgarian Choir [kostbar]

Wagner, Vorspiel zu Lohengrin
- Karl Böhm, Wiener Philharmoniker 1979 [DGG]

Wagner, Vorspiel zu Parsifal und Gralsszene
- Karl Böhm, Wiener Philharmoniker 1979 [DGG]
- Sir Georg Solti, Wiener Philharmoniker [DECCA]

Weitere Hinweise und Empfehlungen
finden Sie auf meiner Homepage
www.musikmeditation.de
im Bereich Bildung
unter „Komponisten" und „Klassik-Tipp"

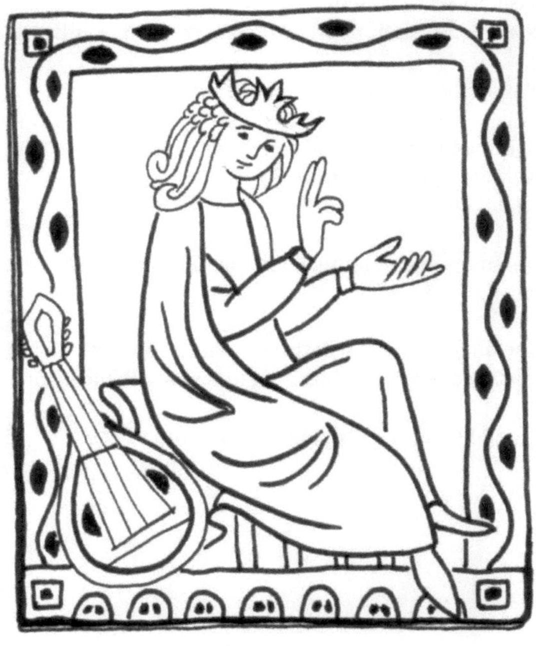

Bildnachweise

S.3, S.4 Notenschlüssel mit Schlange, Krone und Strahlen: eigenes Logo

S.3, S.75 Orfeo-Grafik nach einem antiken Vasenbild, eigene Bearbeitung
Lizenz: gemeinfrei

S.8 Glasfenster in der Cathédrale de Fribourg, CH, eigenes Foto 2008

S.16 Lichtquelle, Acryl auf Leinwand, eigenes Gemälde 2006

S.26 Orpheus, antike Vase, eigene Bearbeitung
Lizenz: gemeinfrei

S.40 William Blake, Jakobsleiter, 1805; William Blake Archives
Lizenz: gemeinfrei; public domain www.wikimedia.org

S.48 William Blake, The Ancient of the Days 1794 /Europe a prophecy,
British Museum London;
Lizenz: gemeinfrei; public domain www.wikimedia.org

S.62 Melomorphose-Tafelbild, eigenes Foto

S.70 Leonardo da Vinci, Handstudien, um 1481
Royal Library, Windsor Castle
Lizenz: gemeinfrei; public domain www.zeno.org

S.89 Grafik nach einem mittelalterlichen Bild, eigene Bearbeitung
Lizenz: gemeinfrei

S.91 Michelangelo, Die Erschaffung Adams, Auszug
Lizenz: gemeinfrei; public domain www.wikimedia.org

Umschlag Logo und Orfeo-Grafik s.o.; eigenes Foto

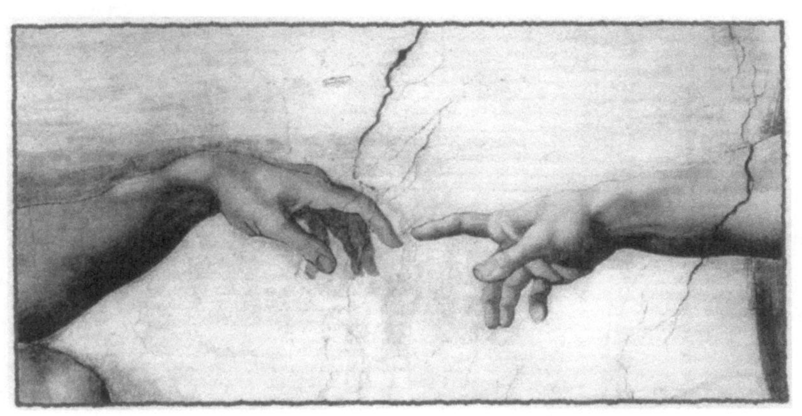

Michelangelo, Auszug aus Die Erschaffung Adams